JN278700

無駄学

西成活裕

新潮選書

まえがき

無駄とは何か。

この言葉をきちんと定義するのは難しい。人によって無駄と感じるかどうかは異なるし、一見無駄なものに見えても、いつかは役に立つことがあるからだ。しかし我々は日常生活でほぼ毎日のように無駄という言葉を使っている。それほど重要で、それでいて曖昧な言葉はなかなか他にはない。

無駄について本気で考えようと思ったのは、約2年前。それまで私は10年以上にわたって車や人などの流れとその渋滞を研究してきた。そこでずっと感じていたのは、渋滞は社会の無駄、ということだ。車が渋滞すると到着が遅れ、時間を無駄にしてしまう。その無駄の経済損失額は、年間で12兆円にもなる。また、渋滞すれば加減速が増えてガソリンをより多く消費するため、エネルギーの無駄使いになり、CO_2の排出量も増えて環境によくない。

人の混雑も様々な無駄を生む。テーマパークに遊びに行っても、混雑していると2、3のアトラクションしか回れないこともある。そうなると不愉快な思いと疲労感のため、時間とお金を無駄にしたと感じてしまうだろう。さらに災害時に建物から避難する際に、皆が出口に殺到してしまうと混雑で身動きがとれなくなり、余計に避難時間がかかる。焦って詰めることで混雑し、皆が損をしてしまうのだ。

工場などの生産現場での無駄といえるものが、作りすぎによる在庫だ。これも一種の渋滞といえるが、在庫は経営を圧迫するだけでなく、資源を無駄に使うことで環境破壊にもつながる。

こうしていろいろと考えてみると、私たちの社会は渋滞だらけ、そして無駄だらけなのだ。これまで渋滞を解消しようと取り組んできたが、それはつまり無駄を取り除こうとしているのだ、ということに気がついた。そして無駄をちゃんと排除するためには、そもそも無駄とは何かが分かっていないといけない。この難問についての現時点での私の答えが本書だ。

前著『渋滞学』（新潮選書）は10年間の研究の成果だった。それに比べるとこの「無駄学」はまだ生まれたばかり。渋滞学ほどの研究の蓄積はまだないため、執筆はもう少し後を予定していたが、今、混迷の世に「無駄とは何か」を問う必要があると強く思うに至り、本書の早期執筆を決断した。それは、無駄を分類しその発生原因を考察しているうちに、今後の資本主義の行く末を左右するほどの大問題が浮かび上がってきたからだ。これはあまりにも大きなテーマであるため、今後、例えば5年ごとに無駄学パート2、パート3を書いていこうとさえ考えている。それほど、無駄の考察は我々人類にとって本質的な問題なのだ。

もちろん無駄には効用もあることを忘れてはならない。無駄なことをすることで、精神がリラックスして明日への活力になることもある。こうした寄り道も時には大切で、適度な「ゆとり」や「間」は一見無駄に見えても無駄ではないのだ。

本書では、こうした様々な無駄を考える際に、渋滞学だけでなく、生産現場での「ムダとり活動」も大いにヒントにしている。このムダとり活動歴30年以上で、キヤノンやソニーの改善で知られた山田日登志《ひとし》さんとの議論が、私を無駄学に導いてくれた。しかしこれを製造工場だけの改善手法にしておくのはもったいない。その多くは我々の日常生活から社会問題にまで広く適用でき、これによる改善の方法は無限の可能性を秘めている。

無駄は渋滞と同じようにミクロからマクロまでいろいろなスケールで存在している。幅広く無駄の普遍性とその本質を考え、科学、経済学、経営学および心理学的な分析をしていくのが無駄学だ。そしてこれは渋滞学の実践編の一部をなすとともに、環境、食料、資源などの問題、さらには人間の幸福など、あらゆることと広く関わっている。無駄を通して世の中を見ると、また違う角度からいろいろなことが見えてくる。

資本主義経済が暴走を始め、金融システムが生き物のように世界中に増殖し、大手の会社でも突然倒産する時代を迎えた。ますます将来の姿が見えにくくなり、人類の不安が増大してきている。しかし将来を決めるのは我々自身でもある。そして私には、今や世界は待ったなしの状況に置かれているように見える。本書が、これからの望ましい社会の実現に向けて、少しでも貢献できればと願ってやまない。

無駄学　目次

無駄学

第1章　無駄を科学する

渋滞学と無駄

「ああ、もったいない」
「ああ、時間を無駄にした」

これらの言葉をこれまでいったい何度つぶやいただろうか。昔から私は無駄なことをしてしまうと強い自己嫌悪に陥るのだ。効率よく物事を進めようとしても結果としてうまくいかなかったときは、無理やり自分の行為に意味を持たせて、「将来きっと役に立つ」と思い込みながらこれまで生きてきた。無駄なことをした、という焦りと自責の念でいつまでもくよくよしていること自体が無駄なので、なるべくすぐに発想の転換をして負の気持ちを消し去っていた。なんとも楽天的な性格だと思われるかもしれないが、実際、そのときはどうみても無駄だったものが、ずっと後で大いに役に立ったという経験もたくさんある。

私はこれまで10年以上にわたって「渋滞」の研究をしてきたが、その中で見え隠れしていたキーワードが実はこの「無駄」という言葉なのだ。4年ぐらい前に私は自分の渋滞研究を「渋滞学」と名づけた。この学問では、いわゆる車の渋滞の研究だけではなく、世の中のありとあらゆる流れとその渋滞を対象にしている。まずはこれを簡単に説明しよう。

朝の通勤電車を思い浮かべれば分かるとおり、人間も混雑する。スーパーのレジでの長い行列などもうんざりするが、混むのは何も人間だけではない。アリの行列も、たくさんいる場合は1匹あたりの速さが低下することが知られている。そしてインターネットや携帯電話でも、混雑して通信速度が遅くなることがしばしばある。我々の体の中にもいろいろな物質の流れがあり、これが滞ると病気になってしまう。例えば、神経細胞内でのタンパク質の流れが悪くなるとアルツハイマー病などの様々な神経疾患につながる。さらには商品の売れ残り在庫も渋滞と考えることができる。このように渋滞という言葉を広い意味で使うと、新しい視野が開けてくる。「万物は流転する」と言ったのは古代ギリシャの哲学者ヘラクレイトスだが、「万物は渋滞する」というのが渋滞学なのである。

渋滞というのはたいていの場合、好ましいものではない。物事はうまく流れていたほうがもちろん好ましいが、実は良い渋滞というのもある。それは、例えば「行列のできる店」という言葉もあるとおり、適度な混雑は人をさらに引き付け、ビジネスチャンスにもつながる。展示会場でも人だかりができているブースにはどうしても目がいってしまうし、昼時に空いているレストランにはあまり入る気がしない。また、伝染病も人々の間を伝わる流れだと考えると、その渋滞は病気の拡大を食い止めることになり、これもまた好ましい渋滞である。火災の延焼を食い止めるのも、火の渋滞を起こせばよい。このように渋滞という現象は正負両方の側面を持ち、流れがあればそこに普遍的に起こるものなのだ。

中でも道路における車の渋滞というのは、すぐにでも解消したい悪い渋滞の筆頭にあげられる。その経済損失は国土交通省によれば年間で国家予算の約7分の1に相当する莫大な金額である。つまり渋滞によってこれだけ社会に無駄が発生していると考えることができる。誰もが望んでいない渋滞は、それに巻き込まれた人々にストレスを与え、貴重な時間を浪費させる無駄そのものだ。そう考えると、「渋滞＝無駄」という図式ができあがってくる。すると渋滞をなくす、というのは、いかに無駄をとるか、ということになる。それでは無駄とは何か、と改めて考えてみると、これは実にあいまいな概念であることに気がついた。そこでこれをまじめに考え、さらにどうすれば無駄がなくなるのか、ということをもっとほりさげて考えてみようと思いついた。こうして無駄の研究を進めていくと、この視点は実に強力であることが分かり、おかげで渋滞解消に対しても様々な新しいアイディアを考えつくことができたのだ。

理学と工学

これまで、「なぜ渋滞するのか」ということを分野横断的に幅広く研究してきたが、その先の「どうすればなくなるのか」という問題を考えるには、実は科学者の頭の中を根本から変えるぐらいの意識の転換が必要である。いわゆる科学者といわれる人がやっていることは、対象をありのままに観察し、現象を様々な方法で分析してそのメカニズムを明らかにすることだ。わかりやすくいえば、「なぜそうなるのか」を考えるのが科学者といえる。そして、この「なぜ」から「どうすれば」への飛躍は、一般に考えられているよりもはるかに大きく、ほとんどの科学者はこの段差を登れないでいる。あるいは登ることにあまり興味がない、という場合も多い。これは学問全体に大きく根を下ろしている問題でもあるし、実は無駄を考える上で今後重要な課題なので、少し詳しく述べよう。

理科系の研究者は大きく「理学系」と「工学系」に分けることができる。理学系とは、数学や物理学、生物学など諸分野の基礎になる学問を研究しており、現象の解析と解明がその問題意識の根本にある。世間でいう科学者とは、この理学系の人たちを指すことが多い。

一方、工学系の研究者は具体的な応用を意識して研究しており、問題解決のアイディアを考え出し、その基礎技術を磨いて産業へとつなげる重要な役割を担っている。世間ではエンジニア、あるいは技術者といわれている存在だ。つまり、「なぜ」が理学、「どうすれば」が工学と考えるとわかりやすい。そこで大きな問題点が浮かび上がってくる。

それは、この基礎から応用への流れの中で、極論すれば理学と工学ではまったく反対の方向を向いて研究している、ということだ。もちろん両方をちゃんと振り返りながら研究をしている人もいるが、極端に一方向を向いている集団も多くあり、この場合どうしても理学と工学が結びつかなくなる。そうなると基礎から応用への橋が途切れてしまい、貴重な基礎研究の成果が眠ったまま埋もれてしまうことになる。さらに工学の先には実用化、つまりビジネス化というものがある。ここでも実は理学と工学の関係と似たようなことが起こっていて、工学を研究するエンジニアでも基礎寄りの人はあまり実用化に関心がない人も多い。その場合、応用研究といっても本気で産業界の役にたつ応用を目指しているわけではなく、その目は理学の方を向いている。

さて、ずっと左に向いていた目を右に向ける、あるいはその逆というのは研究者にとっては大変なことで、若い頃にどちらも少しは見渡した経験がないと、年を重ねてからの方向チェンジはまず無理である。現在の大学の正規のカリキュラムでは、このような「両方を見ることができる人材」が生まれる確率は低く、それゆえにどんどん理学と工学の乖離、さらには工学と実社会の乖離が進んでいるのを現場にいて実感する。それゆえ、私は渋滞学という、理学と工学、そして産業界のすべてが参入して議論できる共通の土俵の整備に取り組んできた。それは途方もなく大きな取り組みで、色々と活動すればするほど様々な壁にぶつかってきた。

直観の重要性

渋滞のメカニズムが明らかになってきた現在、次のステップはその解消だ。しかしどうやったら渋滞はなくなるのか、という具体的なアイディアは、実はいくら数学や物理学を駆使してもなかなか出てこない。渋滞の解析をすることと渋滞の解消を考えることはまったく頭の使い方がちがうのだ。そしてこのアイディアは、さらに工学からも自動的に出てくるわけではない。工学というのは、あるアイディアを現実的な角度から様々に検証して技術にまで高めていくのは得意だが、そのアイディア自体を生み出すことを系統的に行う学問ではない。それではもとになるアイディアはいったいどこから生まれるのだろうか。

それが人間の持つ「直観力」だと私は考えている。いろいろな論理を忘れて「どうしたら渋滞を解消できるか」ということに自由に思いを巡らすのだ。これがこうなるから、次にこうなって、という論理の糸をたぐって素晴らしいアイディアに到達できることは滅多にない。どこかに思考の「飛び」が必要で、これを可能にするのが直観力であり、それは論理の階段を登ることとはわけが違う。

そして私は、この直観力を助けるものとして、無駄という概念が重要な役割を果たすことに気がついた。個人の価値観や感情が入ったこの言葉こそが本当に人を動かすものではないだろうか。人間は誰しも無駄を何とかしてなくしたい、という気持ちをどこか心の底で持っている。渋滞問題に無駄という言葉を持ちこむことによって、この気持ちをうまく引き出すことができる。これが理学から工学へとつなぐための一つの鍵を握る概念なのだ。無駄については後に詳しく考察するとして、まずは直観についてさらに考えてみよう。

古来よりいろいろな人がひらめきはどうやって生まれるか、について述べているが、私の意見はこうだ。新しいアイディアを生み出すような思考の「飛び」をするためには、まずは考えるもとになる深い知識や経験がなくてはならない。そしてそのことで頭の中をいっぱいに満たすことが重要である。このような期間が勉強や研究で、まさに論理の階段を登っている段階だ。

次に頭の中の圧力が最高潮に高まったところで、あるときにガス抜きをして頭を解放し、リラックスする。このときは論理を忘れて夢を見ているように自由に連想する。すると不可思議な発想がわき出してきて、自分でもすぐに否定できそうもない面白そうなアイディアがいくつか生まれる。この時こそがその人の持つ個性を反映したひらめきの瞬間で、そしてここで作用するのがその人の持つ直観力だと私は考えている。

最後にこのアイディアを忘れないようにメモしておいて、また論理の世界の自分に戻るのだ。そうしてアイディアを今度は論理を使って検討していき、本物かどうか見極めていく。これを繰り返していくことが真に創造的な研究だと思う。

そういった意味では、理学や工学はお互い逆向きではあるが、ふつうはどちらも論理の階段を淡々と進んでいるといえる。もちろんその途中で小さなアイディアを駆使して進んでいるわけだが、これは論理や知識に頼っている部分が大きく、大きなジャンプはないし誰でも似たようなものになりがちだ。それに対して解決すべき大問題に対する大胆なアイディアというものは、論理を離れた直観が大事で、これは誰が考えたかでまったく異なるものになることが多い。したがって、「理学」と「工学」と「直観」という三つが問題解決をするのに必要な要素になるのだ。

渋滞の解消、そして「なぜ」から「どうすれば」への飛躍はこの直観をうまくはさみこむことで初めて可能になるのではないだろうか。フランスの哲学者ベルクソンも「直観と飛躍」について深い考察をしているが、ここではより実践的に、無駄という概念を持ち込むことが論理の飛躍を助け、理学と工学という左右への振り向き方をも我々に教えてくれることにつながるのではないか、と考えている。

これまでは論理の教育が重視されてきており、ある意味で思考が機械化、マニュアル化されてきたともいえる。一方、直観力というものは教えることができないもので、論理のような体系化が難しい。それゆえ、私は周囲の直観力に優れた人を見て、その人を真似たりすることでそれなりに身に着けようとしてきた。直観に優れた人は人間の偉大さを再認識させてくれるとても素晴らしい存在だ。コンピュータでコストをかけて計算した結果より、直観力のある人が一瞬で出すアイディアの方が間違いがなく、そして優れている例をこれまで何度も見てきた。深い経験に裏打ちされたアイディアは時には荒削りだが、シンプルで力強く、そして美しくもある。

これからの時代、高度な論理教育を受けたリーダー的人材に必要なのは、困難を解決するアイディアを生み出せる直観力なのだ。繰り返しになるが、もちろん直観力だけでもダメで、アイディアを論理で自己点検できるフィードバック能力もなくてはならない。あくまでも理論と直観をバランスよく保ちながら相補的な関係を築いていく必要がある。

以上より、厳密論理としての学問体系に、この直観を組み込み、さらにどうやったら無駄がなくなるのか、と考えて生まれたのが本書だ。そして無駄は渋滞より広い概念なので、ほとんど社会のいたるところに存在する。そして無駄を深く考察することで、我々の資本主義社会の持続可能性にまで話がつながっていくことを見ていこうと思う。

無駄学の誕生

社会は科学者や技術者に何を期待しているのだろうか？　夢とロマンを求める人々に対して、宇宙の神秘を語るのも科学者の仕事だろう。また現実的な問題として、科学技術の力で文明社会の様々な課題をなんとか解決してほしいということもあげられる。前者が理学、後者が工学という棲み分けができているような感があるが、技術にもロマンはあるし、文明の課題も理学の知識なしでは解消できない問題も多い。特に、環境問題、資源・エネルギーの問題、人口問題や格差社会など、今後のわれわれ人類の行く末を左右するような課題が山積している現在、理学と工学というように問題を切り分けて捉えること自体が無意味になっている。すべての文明の知恵を結集してこういった問題に立ち向かわなければ、人類はもうもたないのではないか、という将来への不安感が増大してきているのを感じる。

メカニズムの分析はもう分かったから、解決の処方箋を提示してほしい、というのが人々の率直な気持ちだろう。これに対して、これまで科学技術を支えてきた研究者はそろそろ真摯にこの問いかけに答えていかなければならないのではないか。科学技術それ自体は、ビジネスモデルになりにくい面があるため、政府の補助、つまり血税が投入されてその活動が支えられてきた。実はこれにより研究者には義務も発生していることを忘れてはならない。もちろん社会還元は様々な形であり得るが、最も優先すべき人類共通の課題には相当なパワーを投入していかなくてはならない。といってもこれではあまりにも話が大きくなりすぎるため、何か適切な切り口がほしい。そこで私が注目したのが無駄という概念だ。そして様々なところに潜んでいる無駄をなくすことが、人類社会の様々な課題解決に貢献することに気がついたのだ。これを標語にして研究を重ね、ついに2007年9月から「ムダどり学会」の会長に就任して、その活動を本格化した。たくさんのムダをとろう、ということで複数形のイメージで学会名は「ムダどり」となっている。

山田日登志さんとの出会い

世の中には不思議な出会いがあるもので、偶然に出会ったときからそれが運命として予定されていたような印象を持つことがある。PEC産業教育センターという経営コンサルタント会社の所長をつとめる山田日登志さんとの出会いがそうだった。もともとは私が出演したテレビ番組をたまたま見ていたPEC副所長の山崎昌彦さんから、放送後すぐに連絡をいただいたのがきっかけだった。私は前から渋滞学でも在庫という渋滞の削減や経営の効率化について研究をしていたが、実はそのときに参考にしていた資料が偶然にも山田さんの記事だった。山田さんはNHKスペシャルに登場したことのある、企業改善の第一人者で、またムダとりで有名なトヨタ生産方式の考案者である故・大野耐一《たいいち》とも親交があった人物である。

山田さん、山崎さんといろいろ話をしているうちに、渋滞学とトヨタ生産方式の共通性が面白いように浮かび上がってきた。そして「どうすれば無駄はなくなるのか」という課題に関しての根本的な考え方が、私の考えていたことにあまりにも近かったことに驚いた。山田さんはすでに「ムダどり学会」を立ち上げており（初代会長）、これまでソニーやキヤノンなど300社以上の企業の現場でさまざまな無駄をとることで経営改革をすすめてきたカリスマ指導者だ。そして大変直観力に優れており、一瞬で本質を見抜き、的確なアドバイスをする。何度か現場の経営指導をご一緒させていただいたが、これがドラマや映画以上に感動的なもので、彼が通り抜けるだけで工場の現場がガラリと変わるのだ。機械には真似できない、人間の持つ不思議な能力を目の当たりにすることができた。この様子はまた後ほど詳しく述べよう。さらに工場改善の先に人類の大きな課題を見据えており、環境や資源の問題と人類の行く末を深く憂えておられる。私が渋滞学を通してやりたかったことの下地が、既に山田さんたちによって築かれていたのだ。その後、私は会長の座を彼から引き継ぎ、直観力と科学技術の力を結びつけ、無駄をなくす視点から人類の課題の解決に立ち向かう決意をしたのだった。

無駄は定義されていない

ムダとりを研究していくうちに、様々な種類の無駄があることに気がつき、またその解消法もいくつかのパターンがあることが分かってきた。こうしてムダとりの経験をある程度体系化してまとめてみようと思って書き始めたが、無駄を日々考えていると様々なことが次々と関連してくるため、際限がなくなってうまくまとめることができない。ある程度区切ってまとめていかないと執筆に10年も20年もかかってしまうことに気がついたので、まずは現時点までの考察をまとめてみようと決心した。本書により家庭から組織、そして社会において沢山の人がこれまで見えなかった無駄の存在に気がつき、それが課題の解決につながればと思い、研究半ばにして本としてまとめる気持ちになった。それほど現代社会はもう待ったなしで無駄だらけの状態だと私は感じている。

無駄という言葉は日常使っている馴染み深いものだが、深く考えてみると難解で、きちんと定義することが難しい。冒頭に書いた通り、一見無駄に見えても、無駄でないようなものがたくさん考えられるからだ。無駄とは何かについて現時点でいろいろと調べた結果、私は無駄について一般的に論じている文献をほとんど見つけることができなかった。類書がない、ということも本書の早期出版を決意させた要因だ。おそらく無駄とは誰でもほとんど無意識のうちに「こういうものだ」と思っているものなので、改めて深く考えられてこなかったのかもしれない。

科学者は言葉にとても敏感な人間である。言葉には、自然言語と形式言語がある。自然言語とは、我々が普段使っている言葉のことで、この文章も自然言語を用いて書かれている。歴史の中で自然発生的に成立した文法を用いた言語で、したがってその規則に例外が多い。外国語を習うときに苦労するのがこの例外で、用例を丸暗記しなければならずに苦しんだ経験を持つ人も多いだろう。

これに対して、形式言語とは数式やプログラム言語のことを指す。これは規則が明確に定められており、全世界共通のものだ。自然科学者はあいまいさを排除するために、その記述に形式言語を使用する。これは少しトレーニングを積めば居心地の良い世界で、精密科学として積み上げていくには欠かせないものだ。

理科系の人間が何か学問をしようとすると、まず基礎になる概念をなるべくこの形式言語で記述しようとする。したがって無駄学でまずやるべきことは、無駄という概念を形式言語で定義することだ。ただし、無駄という言葉には既にある種の価値判断や感情が入っている。これは主観的なものなので、厳密に形式言語で記述するのは困難だ。つまり人によって価値判断がひっくりかえる可能性があるため、どうしても注釈や条件の多い定義になってしまうことは避けられない。そういった意味では、無駄学は精密科学には属さない。しかしその対象は人類にとって最も重要なものに向けられている。この定義の検討をすることで、無駄をなくすためのヒントも見えてくるのだ。そしてこの学問は、論理の積み重ねだけでなく直観を重要視し、我々の意識の奥に潜むものに光をあてることで問題解決を図るという、新しいタイプの文科系と理科系の融合型の学問と捉えていただきたい。

コツを会得する

直観といえば、スポーツや芸術の世界が近いのではないだろうか。これらの中にはコツや技術を会得するまでに何十年とかかるものも少なくないが、とにかくいくらテキストを読んでいてもダメで、自分で試行錯誤を繰り返して身につけていくものだ。水泳での息継ぎは、畳の上でうまくできても水の中ではまったく違う。とにかく練習を重ねるしかない、というのは、オリンピックの水泳代表選手だった長崎宏子さんとラジオ番組でお話した時に私が最も印象に残った彼女の言葉だ。サッカーでも地面に置いたボールをゴールに向けて蹴る練習をしていても、試合でそのような状況に出会うことはほとんどない。絵画でルノワールなどの印象派の特徴が解説できても、そのような絵を自分が描けるわけではない。声楽の声の出し方の本をいくら読んでも、そのような美しい響きの発声をできるようにはならない。

やはり自分で実践していく途中で、時間をかけて何か言葉では表せないコツをつかんでいくものなのだ。そして一度何かの分野でこのコツをつかむことができると、他の分野でのコツが急に分かるようになってくることがある。これも直観力の一つだ。自分の中で何かを持っていて、それが目の前の別のものと無意識のうちに融合していく。この直観力は一朝一夕では身に着けることはできず、その前に並々ならぬ努力があってはじめて得られる。まずはどの分野でも徹底的に考え、自分で努力しなくては何も得られない。成功した人の講演に出てその人のノウハウを1時間聴いても、それはその人にしか当てはまらない。人間は一人一人違うし、したがってコツもすべての人で異なる。声楽の例でも、発声の理論は一応存在するが、やはり自分の体という楽器に合った歌い方を自分で会得しなければダメで、同じ楽器というものはありえない。

そして、逆に一度会得すれば他の分野でも通じるところがあり、この通じる、という感覚が直観なのだ。実際に山田さんは、30年以上にわたって努力を重ねて企業の改善活動をやってきた。そのためムダとりに関して様々なノウハウを持っていて、今ではどんな業種の企業でも同じように改善活動に取り組んで、そして経営の立て直しに成功している。その扱う範囲は通常のトヨタ生産方式を適用している業種をはるかに超えて、食品業、銀行業、さらには家庭や社会のムダとりまで視野に入れている。このときに働いているのがトヨタ生産方式を究めて得られた直観力だ。

これまでもちろん成功ばかりではなかったと思うが、失敗を数多く経験することで直観力が磨かれる。失敗の原因を考えることで自分の思考が是正されていく。そしてこれを繰り返すことでコツが無意識下に根を張り、直観で思うとおりに行動しても間違いを犯さなくなってくる。まさに孔子の『論語』にある、「七十にして心の欲する所に従って、矩《のり》を踰《こ》えず」(70歳になると思うままにふるまっても、道をはずれることはない)ということに通じる。孔子が15歳で学問を志し、そして人生の最後にこの言葉を持ってきたところが何とも興味深い。

「T」ジェネラリスト

前に述べたが、アイディアの出る瞬間とは、まず頭の中の圧力を高めてから解放するときだ。この圧力を高めるときに人間は様々な努力を重ねている。そして解放すると自然に色々な分野を横断して自由な連想ができるようになる。まさにこれが本書で大切にしたい直観が働いている瞬間だ。現代社会の諸課題は、「問題は内側にあり、解決策は外側にある」といわれる。一つの分野の専門家では解決できない場合に、別の分野を連想しながら考えることも極めて重要なのだ。

したがって、これからは直観力の養成のためにも、幅広い知識を持った人材を育成していくことが大切だと考えている。しかし現在の大学のカリキュラムでは、残念ながらこのような人材が生まれる可能性は極めて低い。大学1、2年の時は一般教養ということで、理科系でも経済学や法学などを選択できるし、また自分の将来の専門とは異なる科目の講義を受けるチャンスが確保されている。しかし他分野を見るのはこの時期だけで、大学3、4年にもなると専門性が極めて高くなる。そして卒業研究と就職活動、あるいは大学院入試などでだんだんと忙しくなり、他のことをやっている余裕はなくなってくる。大学院に行けばなおさら専門以外のことに触れるチャンスはなくなる。こうして専門以外のことは極めて弱くなる構図ができあがる。そして隣の研究室の友人の研究内容すらほとんど分からずに卒業するので、ましてや建物が違うところで研究されていることなどは、よっぽど仲の良い友人がいない限り知る由もない。この状況は大変憂うべき事態だと思う。もちろん自主的に様々な分野の科目を聴講する人もまれにいるが、大学のシステム上、専門性を持ち、かつ幅広さを持った人は生まれにくい。

環境問題など人類の行く末を左右する問題を総合的に考えられる知力を持った人を育てるためにも、専門を深く細かく掘り下げるだけの大学教育を根本から見直さなくてはならない。だがこれは何もジェネラリストになれ、といっているのではない。むしろ一つの分野をとことんまで突き詰めた専門性がなくては直観力は生まれない。深さと同時に他分野への横の広がりも持つ、アルファベットの「T」の文字のような人材が必要で、これを「T」ジェネラリストと呼ぶ。スペシャリストは文字でいえば「I」、そして横だけの「一」はいわゆるクイズ王だ。この合体型の人材が最も重要で、Tジェネラリスト、あるいはTスペシャリストと言ってもよいが、こういう人間が世界を俯瞰でき、長期的な視野を持って直観を駆使しながら課題を解決していくだろう。

システム思考

全体を俯瞰するということは、もっとも高度な能力が必要で難しいことである。大抵は部分にわけて、その部分を理解し積み上げることで全体を理解しようとする。およそ400年前のデカルト以来の「困難は分割せよ」という号令によって人間の思考が規定されてしまったかのようだ。もちろん部分に分けたがるのは、それによって解決できる問題がこれまでたくさんあったからで、そうして人類は現在の繁栄を手に入れたともいえる。しかしこれからの時代の複合的な課題を解くには、全体を見渡せる「システム思考」ができるかどうかにかかっている。あることを変えると、その影響はどのようなところに表れるのか、という問題は、複雑なつながりと因果関係を想像できる思考の持ち主でなくては分からない。

医療現場では現在、まさにこの問題で苦しんでいる。自分の症状から何科に行けばよいのか分からないときがあるが、このとき的確なアドバイスができる医者とは、総合的な知識をもっている人だ。また、手術で病変の一部を切除すると、その影響は体全体にどのような影響を及ぼすのかを正確に予測するのは難しい。この西洋医学に比べて、東洋医学では逆にシステム思考を重視している。自分の経験だが、あるときに強い背中や腰の痛みに襲われ、しばらく夜も寝られないほど苦しんだ時期があった。大学病院でレントゲンを撮って調べてもらっても原因は不明ですぐには直せないといわれた。しかし近所の鍼灸院に行って鍼《はり》治療とマッサージをしてもらったところ、痛みは1カ月で完全に消えてしまった。

また、システム思考を考える上で参考になるのが、「部分を集めても全体にはならない」という考えだ。人間の体も、胃や腸などの部分からできているが、これをただくっつけても人間を作ることはできない。また、芸術の世界はまさにこの考えがあてはまり、絵画でも活け花でも、その一部を取り出して個別の部分は再現できても、作品全体を再現することは難しい。本物の持つ全体的なバランスはやはり達人にしか作れない芸なのだ。このように要素の集め方でまったく全体像が異なってくるし、全体も分割の仕方でその理解がまったく異なってくる。後ほど述べるが、無駄をなくすためには、この部分と全体のバランスが鍵になってくる。全体が見えにくいときには部分に分ける必要があり、しかしそれだけでは全体として無駄がとれるとは限らない。とにかく社会の問題は1足す1は2にはならず、それが1にも3にもなることがあるのだ。

創発とは

それでは1足す1を3にできる場合とはどのようなときだろうか。これは「三人寄れば文殊の知恵」ではないが、一人一人ではなし得なかったことが、人が集まることで新しいパワーが生まれ出来なかったことが出来るようになるときだ。そしてそれが各人の能力の足し算以上の結果をもたらしてくれる。この現象を社会学、あるいは最近の複雑系科学では「創発」と呼んでいる。創発が生まれるような土壌作りは現在多方面から注目されており、これを利用した新しい組織作りを手がけている企業もある。組織はトップダウンとボトムアップの2種類に大きく分類できるが、社長が強力な理念を持って社員を統制して方向づけているのがトップダウンで、逆に社員一人一人がお互いコミュニケーションをとり、企業の方針がその中から決まっていくのがボトムアップだ。後者の例として、現在の情報産業のトップをいくグーグルがあげられる。グーグルの本社には、入り口に大きなホワイトボードがあり、そこに社員が自由にやりたいことを書く。それを見て興味を持った人が自然に集まってプロジェクトに育ってゆくシステムだ。

創発とは、このボトムアップの組織から生まれるもので、構成員のコミュニケーションが新しいアイディアを生み出すもとになる。創発はまた直観力をはぐくむための重要な環境で、個の能力を高め、その持つ力をうまく引き出すことにつながる。トップダウンの組織のもとでは、人間はプログラム通り動く機械になりがちで、人間の個性が経営理念の下に抑圧され、1足す1は最大でも2にしかならないことが多い。しかし経営者の立場からすれば、トップダウン型の方が組織をまとめやすいため、どうしても全体を縛る規則を作るほうに頭が働いてしまう。重要なのはボトムアップとのバランスで、どちらかに偏ってもいけないのだ。トップダウンの組織の中でも、うまく創発を利用することで社員からの新しいアイディアを引き出し、それが新しいビジネスチャンスにつながる。この創発というものを無駄をとる時に利用しない手はない。社会の様々な無駄をなるべく上手く自然に低コストでとるためには、ボトムアップの考えは非常に有効なのだ。その具体例は後に紹介する。

失敗学と無駄

人は誰でも自分の行為は否定したくないものだ。しかし失敗を認めてその経験を反省し、軌道修正していくことも大切だ。人生を重ねていくということは、失敗を重ねていくことでもあり、そういった意味で経験豊富な人の失敗談は大変に参考になるところが多い。人間は先まですべて見通せるほど賢くはないので、どんな人でも必ず失敗する。そして失敗事例から学習することで次に失敗しないように工夫をする。失敗を分析してその法則性を探り、失敗を未然に防ぐ目的で、畑村洋太郎・東京大学名誉教授が提唱した「失敗学」というものがある。そこでは様々な失敗の事例を分析して、その原因を10に分類できるとした。

まず、失敗の原因が誰にも未知の現象だったときで、この場合、プラスの意味で考えれば失敗がさらなる飛躍へつながる可能性があり、まさに、失敗は成功の母といえるだろう。次に本人の未熟さから来る、無知、不注意、手順の不順守の三つがある。これらは不勉強や注意散漫、規則無視などが原因のものだ。続いて、誤判断、調査・検討の不足の二つで、これは高度な判断ミスといえるが、状況を正しく捉えず、よく検討しなかったことに起因する。この改善のためには、様々な状況を考え、仮想的なシミュレーションを行ったり、様々な情報を集める努力が必要で、さらに失敗したときの対応策も検討しておく必要がある。

次に回避が難しい失敗原因として、時間とともに環境が変化する、という制約条件の変化がある。環境は常に変化するため、その予測は大変難しい。最後に企画不良、価値観不良、組織運営不良という、「不良」がついている三つの原因があげられている。これらはトップダウンの組織で起こることが多いもので、順に説明すると、企画そのものに問題があったという場合、組織内の価値観が外部の今の常識とずれていた場合、そしてリーダーの決断力の欠如、というものだ。

以上は大変示唆に富んだ分類で、人間はどういうときにミスをするのかを考える際に大変参考になる。もちろん失敗は少ないほうがよいのだが、はじめに挙げた未知の原因で起こる失敗は自らの経験値を上げてくれるため、長い目で見れば好ましいものだ。また、物事を十分に検討したり、結果を予測するには最大限に頭を使う必要があり、これこそ頭の圧力を上げるときなのだ。大胆かつ細心に、という言葉があるが、失敗を恐れてはいけない。失敗から学べばよく、それによって直観を磨くことができる。こうしていろいろな困難に対してもあきらめない思考の体力を身につけ、柔軟な連想で問題解決にあたる。そしてこの連想を助けてくれるものが無駄という概念だ。前置きはこれくらいにして、次章ではいよいよ無駄とは何かについて述べる。

第2章　無駄とは何か

無駄の例

無駄という言葉をきちんと定義するのは難しい。一見無駄なものに見えても、いつか役にたつこともあるからだ。例えば私は高校生のとき、大学入試にない科目をたくさん勉強させられて、無駄だ、と思っていたが、ずっと後になってその知識が身を助けることがたくさんあった。

また、無駄と似たような意味で使われる言葉として、「損」あるいは「もったいない」がある。これらは無駄とどう違うのだろうか。さらに無駄の反意語は何か、と聞かれて、すぐに答えられる人はまずいないだろう。私は、文章を書く仕事をしている人に会うたびにこの質問をしてみるが、みな考え込んでしまう。そしてこれらの疑問の答えは、手元にある『広辞苑』を見ても載ってはいない。実は我々は無駄という言葉をきちんと理解していないのではないだろうか。

そこでこの章ではいよいよ無駄とは何か、について考えていきたい。

まず、無駄という言葉を使う例をいくつかあげてみよう。

①彼はいつも何もしないで時間を無駄に過ごしている。
②あの人に忠告しても無駄だ。
③まだ使えるのに捨ててしまって無駄にした。
④こんなところにいては君の才能が無駄だ。
⑤提案が採用されず、彼の努力は無駄に終わった。
⑥会社でこんな仕事をやらされるのは無駄だと思う。
⑦そのルートは無駄に遠回りしている。

このような文例はいくらでもあげられるが、まず気がつくことは、無駄という言葉は、

時間、資源、労力、お金、命

といった貴重で価値があると考えられるものが、「有効に使われていない」あるいは「失われてしまったとき」に使うということだ。ここで、時間や資源などには価値がある、というのが暗黙の前提になっているが、それは相対的なもので、何を重要と思うかは個人や環境などによっても異なる。しかしお金に関しては、ふつうは人々の共通認識として価値を持つものとしてよいだろう。

経済学では、価値のあるものはすべてお金に換算して考える。例えば時間だが、無駄に過ごしてしまった時間の損失を金額で評価するのに、その時間を他で働いていれば得られたはずの賃金で見積もる。これを「機会費用」と呼んでいる。機会費用の考えを用いれば、時間の価値をお金に換算できる。労力も、それに対して通常は報酬が支払われるため、その賃金で価値を評価できる。資源も商品も同様にふつうは価格をつけることができる。ただし価格がつくものは何らかの希少性があるもので、空気のように希少性のないものには値段がつかない。希少性のないものを経済学では「自由財」という。つまり自由財でなければ価値あるものになり、それが失われると無駄と感じるのだ。命も同様で、命の値段を評価するのが生命保険だと考えるとわかりやすい。

ここまでをまとめると、「お金に換算できるもの、つまり時間、労力、資源などが有効に使われなかった」と気がついたときに無駄という言葉を使う。

インプットとアウトプット

次にこのお金に換算できる貴重なものを有効に使う、あるいは使わない、とはどういうことなのかを考えてみよう。これもまた一筋縄ではいかない難しい概念で、また価値判断を含んでいるため主観的なものだ。先に挙げた〈例文②〉「あの人に忠告しても無駄だ」では、「あの人」が必ずしも忠告を聞き入れ、そのおかげで仕事がうまくいったならば、その忠告していた時間は有効だったといえる。逆に忠告を無視したか、あるいは忠告をしてもしなくても結局彼の行動は失敗するようになっていたならば、忠告していた時間は有効ではなかったことになる。

次に〈例文④〉を考えてみよう。「こんなところにいては君の才能が無駄だ」。高い才能のある人が、誰でもできるような単純作業をやらされているような状況だとしよう。その高い能力と簡単な仕事の間にギャップがあるケースで、これも明らかに才能が有効に使われていない。

これらの例で分かるとおり、「有効に使われない」とは、

「投入したコスト（お金、時間、労力、資源）に見合うだけの効果が得られないこと」


ということだ。つまり、これだけインプットをしたらアウトプットはこれぐらいだろう、という効果の予測がはじめにあり、これに対して蓋を開けてみたらそれほどの効果はなかった、という状況である。アウトプットの効果についても、インプットと同様に金額換算して考えることができるので、インプットとアウトプットを同じものさしで比較することが可能である。ちなみに「効果」とは、経済学においては満足の水準を表す「効用」または「便益」という言葉が用いられている。

さて、このインプット（投入）とアウトプット（効果）とのバランスの考えをふまえて例文を検討してみると、やや〈例文⑦〉が分かりにくい。「そのルートは無駄に遠回りしている」。この文は、例えば目的地までの歩行ルートが二つあり、どちらでもたどり着くことができるが、一方のルートはもう一方に比べて距離がだいぶ長くなっているというケースである。この場合、どち

らもアウトプットは「目的地に到着する達成感、またそこでの目標の遂行」であるが、それを得るために投入したコストが二つのルートで異なるのだ。この場合、距離が長い方が到着時間が長くなり、したがって必要な金額（時間）が他方のルートに比べて多くなる。そのため、距離が長い方が同じアウトプットに対してインプットが過剰になっていて無駄をしていると考えることができる。

しかしこの場合も、距離の長い方を進んだことで、目的地到着以外の効用、例えば長く歩いたことで体の調子が良くなったとか、途中で1万円を拾った、などが付与されれば、アウトプットが増大して無駄という言葉を使わなくなる。これがこの言葉の難しいところだ。

目的を決める

〈例文⑦〉から、無駄を考える上で重要な視点が浮かび上がってくる。それは、効果を評価する際に我々はふつう、まず目的をあらかじめ定めて、その目的達成が結果としてどれだけなされたかをみている、ということだ。また、目的は「期待」と言い換えることもでき、自分の期待感が実際の結果によってどこまで達成されたかを判断する。この目的をきちんと決めないと効果がきちんと評価できない。ある目的では無駄でも、別の目的では投入したコストは運よく有効に使われているかもしれないのだ。

その例として、アリの行動があげられる。アリは餌を見つけると、餌場から巣まで行列を形成してせっせと餌を持ち帰る。巣に餌を運ぶ、という目的のためには、アリが皆この行動を整然と行うのが良いわけだが、アリの行列を注意深く観察すると、中には行列から離れてウロウロする怠け者がたまにいる。このアリの行動は一見無駄に見えるが、実はこの中に別の餌場を偶然探し当てるアリもいる。そうなると、1カ所の餌場だけだといつかは食べ尽くしてしまうのだが、ウロウロしていたアリが見つけてくれた次の餌場のおかげで、巣全体の生存確率が高まるのだ。これも目的をある餌場からの餌の運搬、とするか、あるいは巣の存続という大きなものとして捉えるかで無駄という概念が変わってくる。

これに関連して、企業や組織において「2対6対2の法則」といわれているものがある。これは、全体のうち2割の人はよく働き、6割はふつうに働き、そして残りの2割はあまり働かない、ということを表したものだ。そしてこのトップ2割の人が企業の利益の8割を稼ぎ、残りの8割の人は利益の2割しか貢献していない、という意味で、「8対2の法則」ともいわれる。しかしこの働かない集団が将来の生存のために大きな役割を果たす可能性があるのがアリの社会なのだ。働かない人を抱え込むのは短期的には無駄と考えられるが、長期間で見れば何か別の角度から大きな貢献をしてくれるかもしれない。

他にも重要な例がある。拙著『渋滞学』で書いたが、災害時の部屋からの避難の際には、皆が一斉に出口に殺到するより、少し譲り合って行動した方が全員の逃げ終わる時間が短くなる場合があることが分かっている。特に狭い通路においては譲り合った方が大混雑を避けられる。譲ることで自分の退出が少しずつ遅れ、より生命の危険にさらされるような気がするかもしれないが、この譲るという行為は決して無駄ではない。少しでも速く出口に近づく、という目的では、短期的には譲る行為は無駄に見えるが、結局全員が早く退出するという最も大切な目的では無駄になっていないのだ。

ここで〈例文⑥〉にある無駄について考えてみよう。「会社でこんな仕事をやらされるのは無駄だと思う」。これは会社の上司が部下に一見意味のなさそうな仕事をさせている状況だが、部下はそのため仕事に大いに不満をもっている。自分は他の仕事をやりたいと思っているが、この仕事のせいでそれをする時間がなくなってしまう。しかし、よく考えてみると会社も給与を与えている社員に無駄なことをさせておく余裕などあるわけがない。会社にとっては実はその仕事は必要で有益なもので、その重要性が社員に伝わっていないのだ。これは立場を変えると無駄が無駄でなくなる例だ。つまり、同じ行為でも社員にとっては無駄と感じ、会社組織全体としては有益なものになっている。会社の利益、そしてその存続という目的のもとでは、その仕事は無駄になっていないのだ。したがって立場の違いというものは、目的の違いとして議論することができる。

以上の考察により、「目的を決める」ということが無駄を考える上でいかに重要かがわかるだろう。

期間を決める

次に考察するのは、本章の冒頭にあげた、いつかは役にたつかもしれない、という例だ。このように考えると、世の中に無駄なものなど存在しない、という結論になってしまう。なかなかものを捨てられない人は、このように考えていることが多いのではないだろうか。

そこである「期間」を設けて、その間で目的達成度を判断するということにする。受験勉強の例では、1年後に入学試験があれば期間を1年間と定め、その間の貴重な時間を入試以外の時間に使うことが無駄と考える。その時間を入試に関連した科目の勉強に割いていたとしたら得られたであろう効果の分を無駄にしたと考えるのだ。その期間を例えば20年と定めると、20年以内に効果があれば無駄にならないのだ。このように期間を定めてはじめて無駄かどうかが議論できる。

以上より、無駄を評価するときには、「目的」と「期間」という二つをあらかじめ定め、その範囲で考えることが重要になる。よくある言い争いで、「それは無駄だ」「いや無駄なんかではない」というものがあるが、これはこの二つについてのお互いの認識がずれていることが原因であるケースが多く、これらを冷静に話し合えば解決するのではないかと思える。

最適を見つける

さて、例文⑦「そのルートは無駄に遠回りしている」を見てわかるとおり、もしも目的達成のための「最低限のインプット」というものがあらかじめ分かっているならば、それに比べてコストがかかるインプットはすべて無駄ということになる。これは最適な、つまり最低限のコストのインプットのときがアウトプットに対してコストが最も相対的に下がり、差し引き得られる効果が大きくなるからだ。

そこで問題になるのが、この最適なものをどうやって見つけるのか、あるいはそもそも最適なものは存在するのか、ということだ。理学や工学の様々な分野で「最適化」という名前がついている研究が数多くあり、これは重要だがとても難しいテーマになっている。最適な方法は、時には人知を超えて神のみぞ知る、という場合もあるからだ。簡単なケースではもちろんすぐに最適が分かるが、複雑になってくると、コンピュータを駆使しても答えを探すのに何世紀もかかる問題もある。

例えば、道路が2本あってどちらが目的地まで最短距離か、というのはふつう地図を見ればすぐに分かり、どちらの道が目的達成に最適なのかは誰にでも分かる。逆に難しい問題の例として、引越しトラックに荷物を詰める問題があげられる。

荷物は形のそろっていない段ボール箱、家電製品、布団、自転車などいろいろあるが、入れ物は長方形のコンテナだ。ここに荷物をなるべく隙間なく効率的に詰めるということは、コンテナという貴重な空間を有効に利用することである。もし小さな隙間がたくさんできてしまうと、その分、自由財である空気を運んでいることになり無駄になる。その隙間を合わせれば載せられたであろう物を別の便で送るはめになり、そのために余計にかかった費用の分だけ無駄をしたことになる。しかしトラックに荷物を詰めるやり方は、実際には無限に近い可能性があり、どの組み合わせにすれば隙間が最小になるのかはとても分かるものではない。

このような例を数学では「組み合わせ爆発」と呼んでおり、現代数学をもってしてもこの問題は簡単に解決できず、最適な答えを探すのが困難なのだ。

それでは実際の現場ではどうしているのだろうか。実は荷積みの達人といわれる人が運送会社にはちゃんといて、コンピュータで解くのが難しい問題でも長年の経験でその場で荷物を見ながら見事に積んでいくのだ。私も何度か引越しをしたことがあるが、そのたびにこの組み合わせ爆発の問題をプロがどのように解くのかをいつも興味を持って眺めていた。私がたまに口出しをして、「つぎにこの荷物を積みましょう」と言うと、「いや、これはまだですね」と言って腕組みをしながら考えている姿は、まさに神が乗り移ったかのように見えたのを覚えている。そうしてとても2トントラックに積めそうもない量の荷物を見事に積み込んでしまうのは感動的な光景である。

これこそ人間の持つ不思議な直観力だ。「読み」の能力と言い換えてもよい。最適なものがすぐに分からないときでも、人間は経験と直観によりその最適なものの存在を読み取ることができるのだ。そして、それと比較して直観的に無駄かどうかの判断を下している。

この不思議な能力を経営改善で発揮しているのが第1章でご紹介した山田日登志さんである。彼がある時私に話してくれた印象深い言葉が、「無駄はとれてからはじめて気がつく」である。達人はどんなに複雑な問題でも、その最適な理想像が見えている。それと比べて現状が異なっていると思うところを改善していくにすぎない。しかしその改善を見た周囲は、はじめて現状が無駄だった、ということに気がつく。最適なものが明らかなときは誰でも無駄に気がつくが、それが見えにくいときには無駄の存在に気づきにくい。しかしこの無意識の無駄にまでメスを入れることで、直観と融合した真のムダとりによる経営改善ができるのだ。

投入効果図と三つの無駄

それではだいぶ準備もできたので、そろそろ無駄とは何かについてまとめてみよう。

まず行為の目的とその期間を定める。そして期間のスタート前に、期間中に投入すべき総コストと得られるアウトプットを予測する。そして期間が終了した時点で得られたアウトプット（効果）と実際にかかった総インプット（投入）を評価する。以上の内容を二つの軸を横に並べて書くことで整理しよう〈図1〉。上の軸がスタート前の予測軸、そして下の軸が期間終了時の結果軸で、これらの軸には金額換算でのインプットを▼、アウトプットを■で示してある。そして時間の経過を表す時間軸を下向きに書く。この図を以下では「投入効果図」と呼ぼう。

ある行為のスタート前での予想アウトプットとインプットの差が、本人が予想している益を表す。この予想益がちゃんとプラスになっている時に、この行為が開始される。逆にインプットに比べて、アウトプットの方が少ない場合は損を表し、スタート時点の予測ですでに損と思っているならば、ふつうはその行為は発生しない。

そして時間が経過し、期間の終了を迎えた時点で得られたアウトプットから実際にかかった総インプットを引いて実際の益が分かる。この実益が予想益より低くなっているとき、その行為の

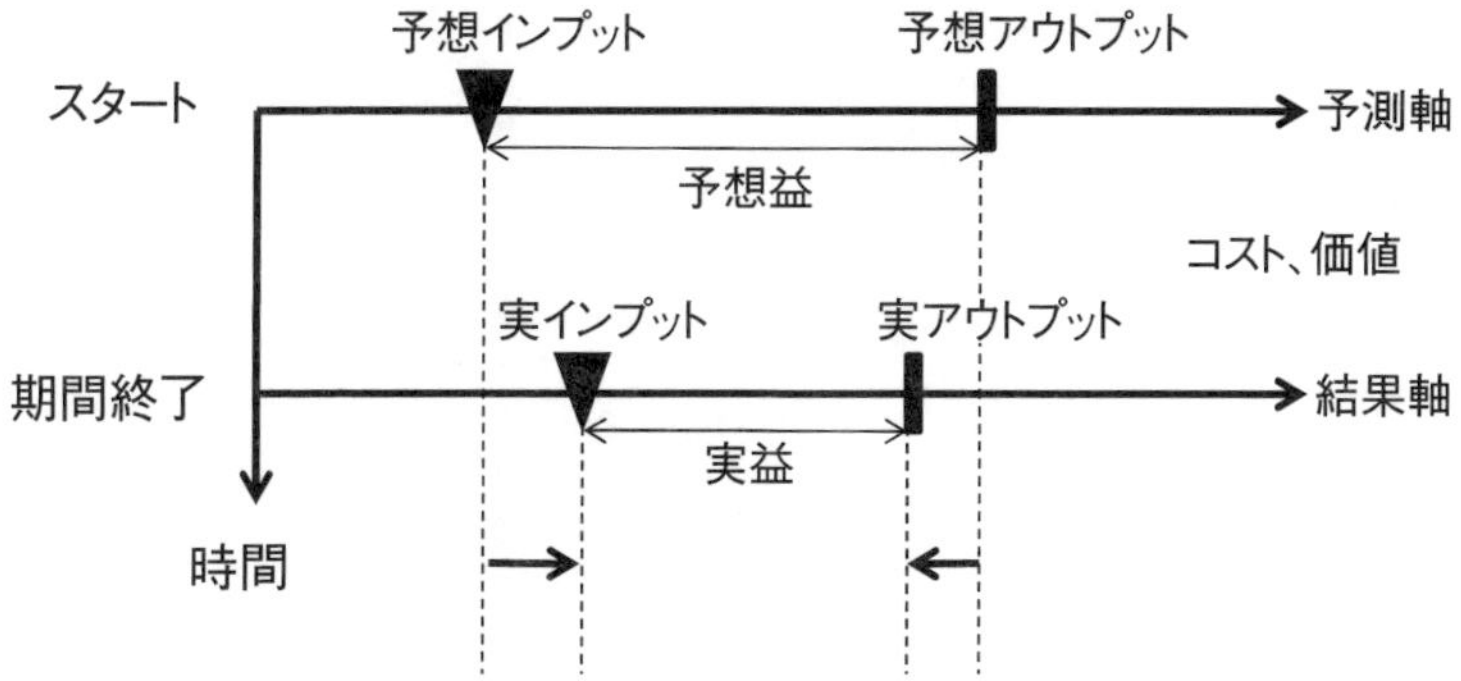

〈図1〉投入のコストと効果の価値について、これらの予想と結果を表す図。期間を定め、当初に予測したインプットとアウトプットと、期間終了後の実際のインプットとアウトプットを比較する。予測より実際の益が低くなっているときは、何らかの無駄が潜んでいた可能性がある。

中には無駄が潜んでいた可能性がある。それは、予想以上にインプットがかかってしまった、とか、実際のアウトプットが予想を下回ったというような場合だ。無駄がこの期間内のプロセスのどこかに潜んで悪影響を及ぼしていたのだ。

次にこの無駄について、以下の3種類を考える。それはカタカナの「ムダ」、ひらがなの「むだ」、漢字の「無駄」だ。このカタカナの「ムダ」、ひらがなの「むだ」に関しては後に詳しく述べるトヨタ生産方式でも使われている用語で、そこではすぐにとれる明らかな無駄を「ムダ」、複合的な要因が絡み合ってなかなかとれない無駄を「むだ」と使い分けている。ここでは、

「ムダ」→見える無駄
「むだ」→見えにくい無駄
「無駄」→見えない無駄

〈図２〉三つの無駄とその原因。見える「ムダ」は、無駄と感じている本人自身が原因であることが多く、自己努力で回避できる。これに対して、見えにくい「むだ」や見えない「無駄」は他の要因が大きく影響しているため、自己努力だけでは取り除くのは難しい。

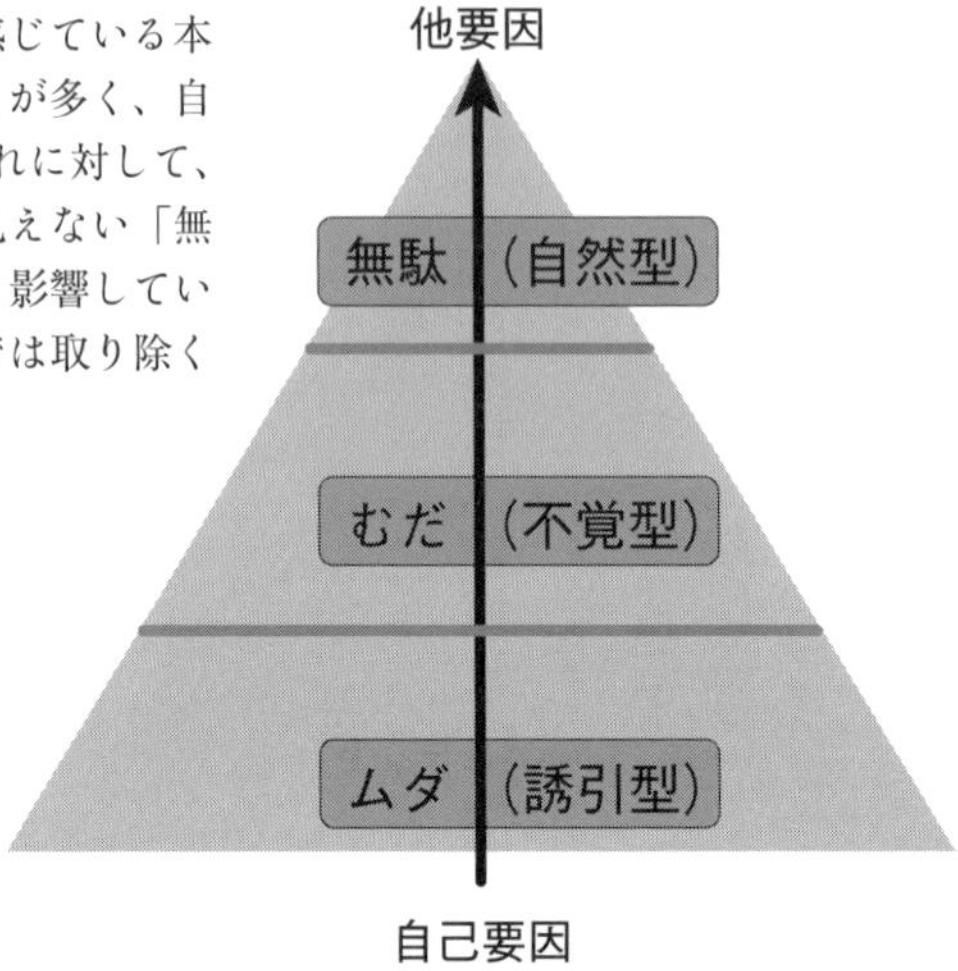

と定め、やはり「ムダ」「むだ」「無駄」の順に、気づきにくくとれにくいものとする。そしてこの順に無駄の発生原因が、自分にあって本来なら回避できたものなのか、あるいは自分ではどうしようもないものなのかを表している〈図２〉。紛らわしいのは漢字の「無駄」で、この意味で使うときと一般的に使うときを分けたいので、上記の三つの無駄を使用するときは鉤カッコをつけて以下「無駄」と書く。

この三つの無駄について説明を付け加えよう。まず「ムダ」の場合、当事者はそれを意識しており、無駄をしていることが分かっている。分かっていても無駄をしてしまったのは、怠慢や現実逃避、そして短期的な快楽の誘惑といった、自分の意志の弱さから来るものが主な理由としてあげられる。つまりある目的のための最適なルートから外れさせるような誘引があり、それに引きずられてしまった、という意味で、「誘引型」の無駄といえるだろう。

次に「むだ」の場合、当事者は行為の最中は無駄をしている意識はなく、むしろ良いと思って頑張っている。しかし結果を見てみると無駄が発生していて、そのためいろいろ反省してみると思わぬところで油断していたことが後から判明するような場合だ。その理由は、本人の思い込みや習慣から来るものや、不注意、努力不足や経験不足なども考えられる。

例えば食料や資源がいつのまにか偏ってしまい、ある地域では足りないのに別のところでは余って捨てている、という場合もある。この偏在の無駄の場合、捨てている当人は気がついていない場合があるが、それは「不覚型」の無駄ということができるだろう。気がついてもなかなか無駄がとれない場合は、怠慢ということで誘引型になる。

これに対して「無駄」は、その原因が本人にあるのではないため、自分ではコントロールが難しいものだ。おもに不運や予測の困難さからくるもので、無理なことが含まれている可能性もある。投資や保険といった、将来のことに関する問題は、コストをかけるのが無駄かどうか確率的にしか分からない。これらは人力に左右されない予測不可能なものなので、「自然型」の無駄と呼ぶことができるだろう。

益が変化する要因

さて、アウトプットとインプットの差がなるべく大きくなることが益を大きくするポイントで

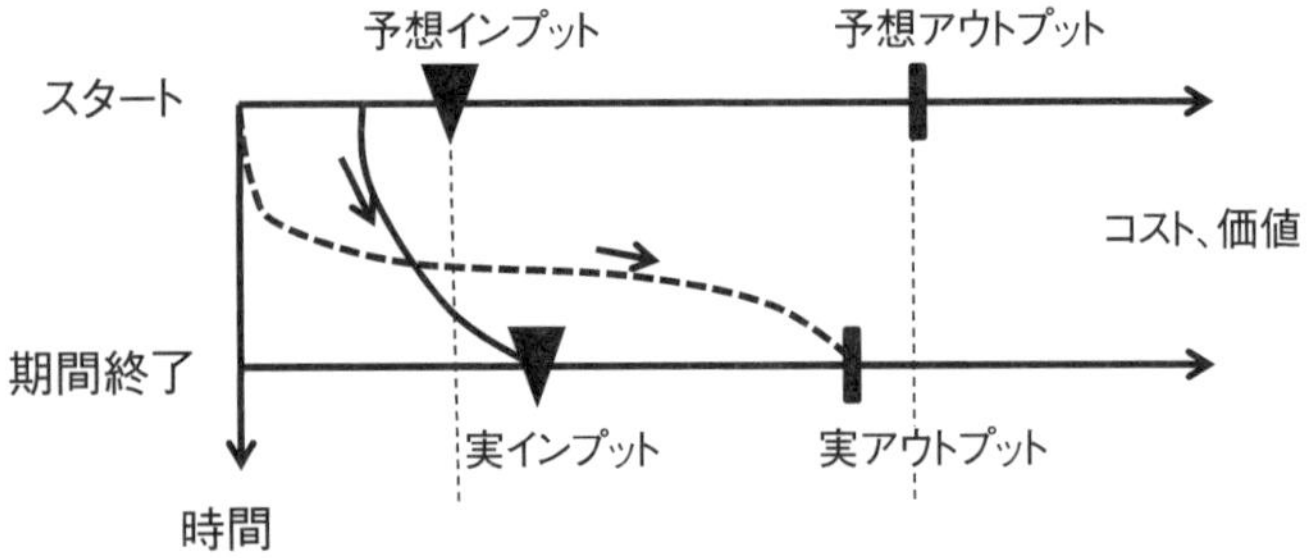

〈図3〉投入（インプット）と効果（アウトプット）の時間変化の様子を記入した例。投入は実線、効果は破線のカーブで表されている。

ある。実益を上げ下げする要因は、〈図1〉を見れば分かるとおり、実インプットと実アウトプットの予想に対する増減である。これは以下の四つに分けられる。

①実インプット増大、実アウトプット減少

これが〈図1〉に描かれたケースだが、要するに予想以上に投入コストがかかり、効果も思った以上ではなかったという残念な結果に終わった状況だ。この場合、三つの無駄が途中の行為の中にたくさん含まれていたと考えられ、結果としてインプットを必要以上に増やしてしまったのだ。さらにインプットの増加がアウトプットにも悪影響を及ぼしてそれを減少させている可能性もある。

期間の途中で当初の予想から外れていく様子を表したものが〈図3〉で、インプットは実線、アウトプットは破線でその時間変化を記入してある。インプットの変化は、初期にある程度の投入をして、それから徐々に投入を増やすが、期間の後半で予想を上回っている。そしてアウトプットの変化だが、はじめはスタート軸のゼロから出発し、徐々に増えていくが期間の終盤で失速して予想を下回っている。このように投入効果図にその時間変化の様子を具体的に書き込むことで、いつ損から益になったか、あるいはいつ予想を外れたか、などが分かる。

また、このように結果が予想を外れた場合、アウトプットやインプットの初期の予想自体も適切だったのか、という問題も考えられる。はじめに「無理」があれば、当然それを実行することは不可能になる。無駄があったから外れたのか、無理があったからなのかは慎重に検討しなくてはならない。我々は多少無理を承知で様々な目標を設定することがある。本当に無理なのか、やればできるのかは予測が大変難しい。これは後から述べる最適というものと関係しており、最適以上の設定はもちろん無理になる。

ここでいう無理とは、他要因で起こる「無駄」の究極の場合と考えることもできるが、明らかに無理ということが分かっている場合は「無駄」と無理を分けて考える。例えば、地球から北極星まで1秒で宇宙旅行したい、という目標は絶対に無理である。物体の移動速度は光の速度を超えることができない、というのが自然界の法則だからだ。それでは、東京から大阪まで1秒で移動したい、というのはどうだろうか。これは光の速度よりだいぶ遅いため原理的に不可能ではないが、現在の科学技術のレベルでは不可能といえるため、やはりこれも無理ということに異存はないだろう。

②実インプット増大、実アウトプット増大

この場合は、インプットが結果として増えてしまったが、アウトプットも増大しているため、その程度によっては実際の益は減らず、逆に増える場合もある。例えば、商品の販売が期間途中で急に好調になり、そのため予定より増産して商品を投入し、さらにそれらが飛ぶように売れたというラッキーな場合だ。あるいは、急に工場の機械が故障して修理したり、原材料の価格が上がるなどでインプットが上がったが、販売価格を上げても売れ行きは変わらなかった、というケースもそうだ。この場合、結果として実益が予想益を上回れば、インプットの増加は無駄とはいわないだろう。しかしインプットの増加をアウトプットの増加で吸収できなければ、どこかに無駄があったことになる。

③実インプット減少、実アウトプット減少

これはインプットを節約などで減らしたが、同時にアウトプットも減ってしまった場合だ。しかしこの場合も、効果の減少を投入の減少でうまく補えれば、実益は予想益とあまり変わらないようにできる。この典型例は、節約などの努力によって現在の売れ行きが低迷している苦境を乗り切る、というものだろう。後に述べるトヨタ生産方式はこの考えに近く、アウトプットが変わらないか、むしろ下がっていても、インプットをより減らすことで益を上げようと考える。インプットの中の様々な無駄を排除することで、どんどんコストを下げるのだ。

別のケースとしては、材料が入手できずに期間途中で減産しなければならない、という場合もある。材料費を支払わなかった分だけインプットは減少したが、ふつうは売上であるアウトプットはそれ以上に減るため、経営にとっては大きな痛手になる。これは容易に取り除けない「むだ」や「無駄」が当事者の周囲にあったと考えることができる。

④実インプット減少、実アウトプット増大

これが最も好ましく、実益は予想益を必ず上回る。もちろん当初の予想アウトプットを低めに見積もっていた可能性もあるが、期間内の努力や運によって商品に付加価値がつき、アウトプットを向上させたケースも多い。そしてインプットについても同様で、これが下がったおかげで、必ず益は増して無駄という言葉はほとんど使われなくなる。しかし最適な方法というものが存在するならば、この場合でもさらに益を増すような改善の余地があるかもしれない。それでは次にこの最適について考えてみよう。

最適はどこだ？

人はふつう誰でも期間内にゴールまでなるべく効率よく到達しようと考える。つまりゴールするための最適な方法を考え、それに従ってコストを順次投入していくのだ。最適な方法が初めから明らかでないときには、科学的な手法による予測、あるいは経験などから判断して、ベストだと思われる方法をとる。そしてこのノウハウは、長年の試行錯誤を通じて組織や個人の中に蓄積されていく。

しかし定めた期間が来て結果が出てしまえば、振り返ることで比較的簡単に最適だった方法が見えてくる場合がある。数学の難しい問題を解くのは大変だが、答えを見ると実は簡単で分かったような気になる、というのと同じだ。トヨタ生産方式の開発者である大野耐一は、「競馬はゴールしてから馬券を買うとハズレはない」と言ったそうだが、最適な方法を後から見出すのはやさしい。本当に知りたいのは、スタート時点での最適な道だ。これを見出すのに達人は不思議な直観力を持っており、ふつうの人でも失敗と反省を繰り返すことでこれをどんどん磨いていくことができる。

さて、最適にはインプット（投入）とアウトプット（効果＝ゴール）、そしてゴールへの到達方法（プロセス）の三つが関係している。なぜなら最適インプットのときが、最大のアウトプットを出すための最小のコストになっているからだ。さらにこのときにゴールへの到達方法も最良なもの、つまり最適プロセスになっている。

例えばある工場で製品を作る際に、月に50個ずつ生産する目標を立てたとする。すると、この50個を作るのに最も投入コストのかからない生産方法を考えるのと同時に、本当に50個というゴールでよいのか、ということも同時に考えなくてはならない。実は55個の方が1年という期間での益は良くなるかもしれないのだ。

最適とは投入効果図では〈図4〉のように表すことができる。

まず、あらかじめ最適が判明している場合について考察しよう。上図には、分かっている最適なインプット及びアウトプットを予測軸に記入してある。したがって結果軸では、どんな実イン

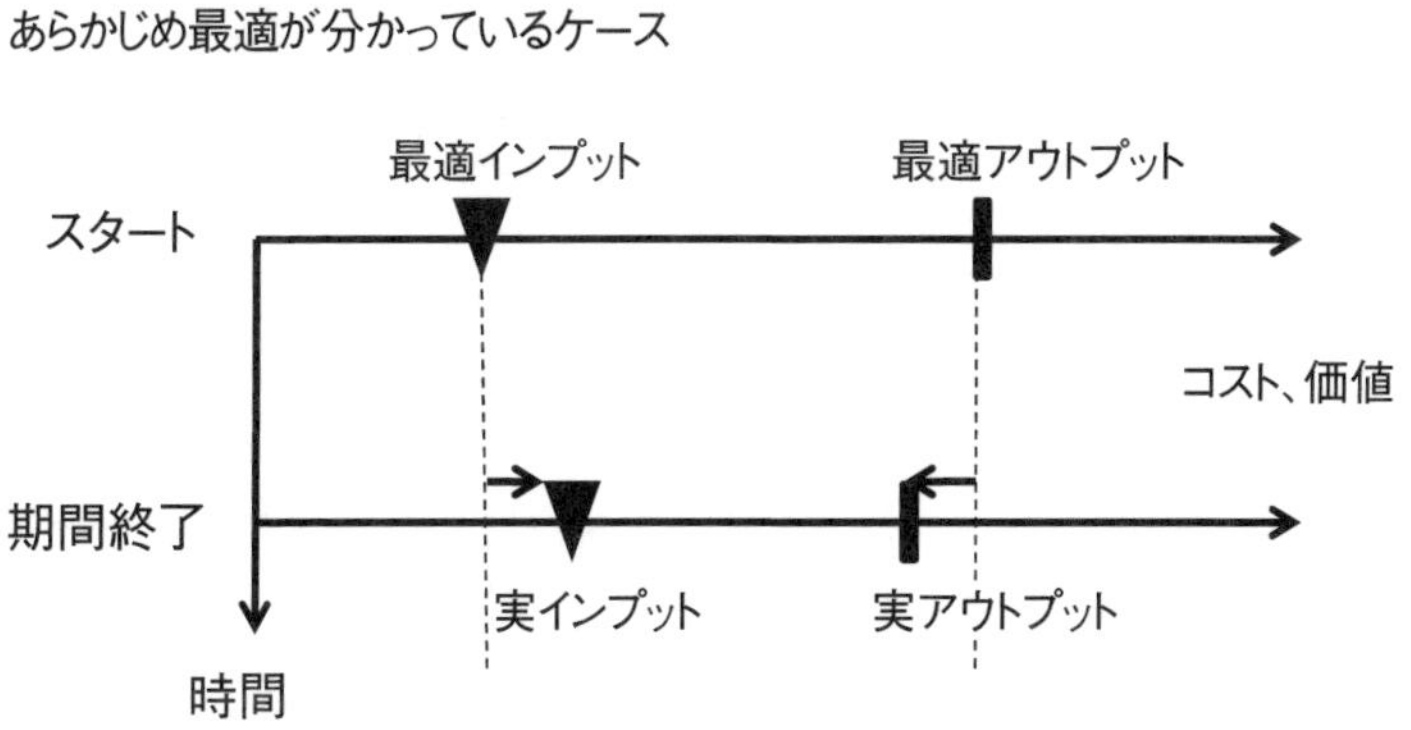

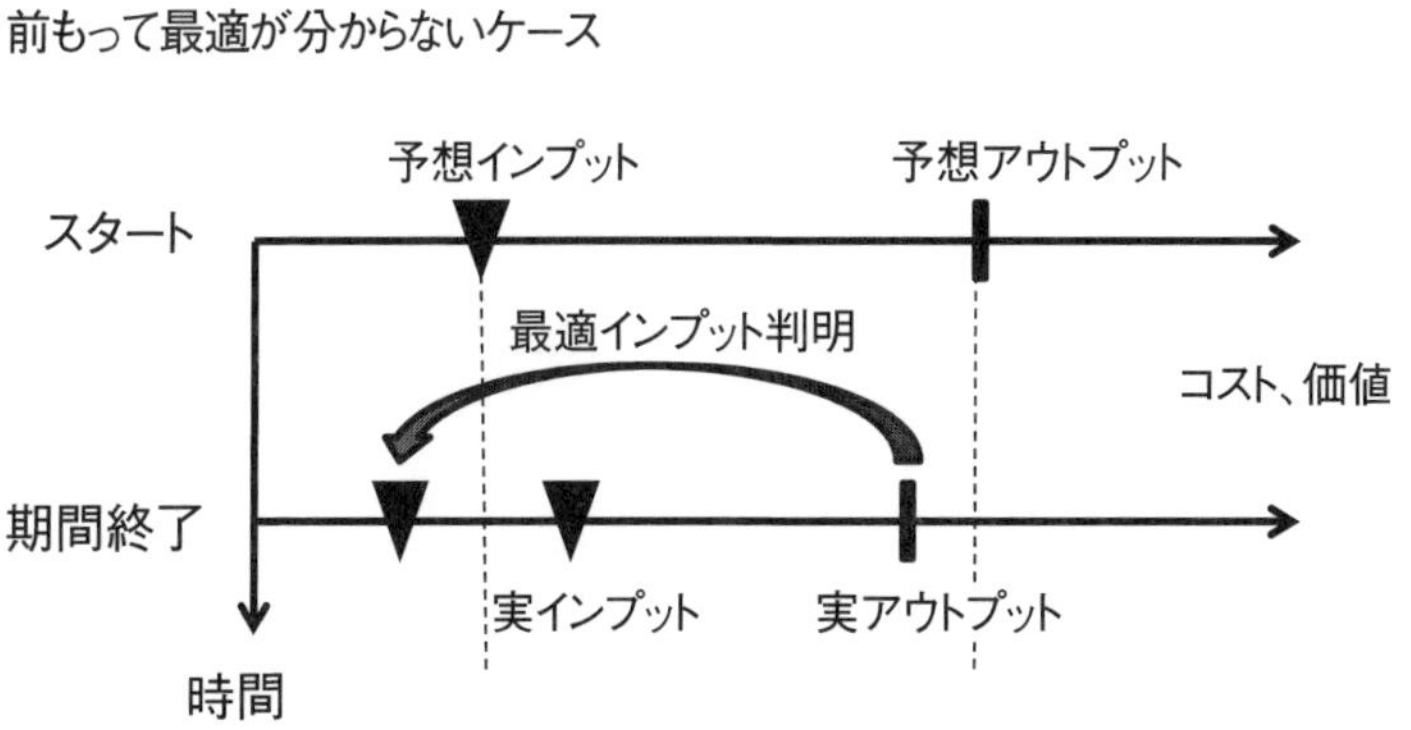

〈図 4〉投入効果図における最適。上があらかじめ最適が分かっている場合、そして下は最適が期間後に初めて判明した場合だ。あらかじめ分かっているときには、期間後にそこからのズレは無駄が原因だったといえる。また、初めに最適が分からない場合、期間後の結果をみて、最適なインプットなどが分かる。

プットでも必ず実アウトプットは最適アウトプットより減少側に来る。ちょうど最適な投入のときがアウトプットが最大になるため、インプットは多くても少なくても駄目なのだ。要するにこれは「過ぎたるはなお及ばざるが如し」ということを意味しており、この様子は〈図5〉の実線で示されている。

この最適からずれてしまう原因の中には、様々な無駄が潜んでいる。「ムダ」は見えるのでとりやすい。そして「むだ」は努力や経験、科学的方法で取り除けるものだ。そして「むだ」をどんどんとっていくと、残るものは見えない「無駄」だ。残念ながらこれを論理的に、あるいは自己努力で取り除くのは極めて困難で、深い直観力のある人間のみがその回避方法を感じることができ、そして偶然や運にも左右される。これをすべて除いた状態が最適で、ここに到達できるケースは現実ではかなり難しいと考えられ、これはもはや神の領域といえるだろう。もちろん単純な問題では、最適な状態が理論的に分かることが多いが、逆にいえば無駄をすべて無くすのは、単純なシステム以外ではまず不可能だといえる。

次に〈図4〉の下図は、初めから最適が分からない場合を表している。そして期間終了後の結果軸には、実アウトプットがこれくらいだったらインプットは最低これだけで済んだ、という最適なものに気がついた場合を描いた。しかしこの最適はあくまでも現状の結果を基準にしたものであり、真の意味での最適かどうかはまだ分からないことに注意しよう。

また最適からずれた実インプットのときでも、偶然に実アウトプットが予想を超えて良かった、ということも起こりうる。〈図5〉の点線のカーブがこの状況を表していて、実線のカーブだと信じていたものが、実は本当は点線のカーブだったときにこのようなことが起こる。これこそ新しい最適へと近づく貴重な瞬間で、これまでの思いこみから人間を目覚めさせてくれるのだ。そしてどこかに存在する「真の最適」に手探りで少しずつ近づいていく状況を表しており、これこそが達人への道といえるのではないだろうか。

これと似たような例として、「販売の売り逃し」というものがある。企業は商品を販売する際に、マーケティング調査を行って目標の個数を定め、この量を生産して準備する。すべて売れれば在庫の無駄もなくアウトプットは最大になるが、果たしてこの目標個数は正しかったのだろうか。これは誰にも分からないことで、もう少し多く生産して売れればそれらもすべて売れたかもしれない。まさに図の実線でなく点線のような状況だった可能性もあるのだ。

これを「売り逃し」というが、この対策としてあるコンビニエンスストアでは、次のような戦略をとっている。

それは、おにぎりなどを売るのに、

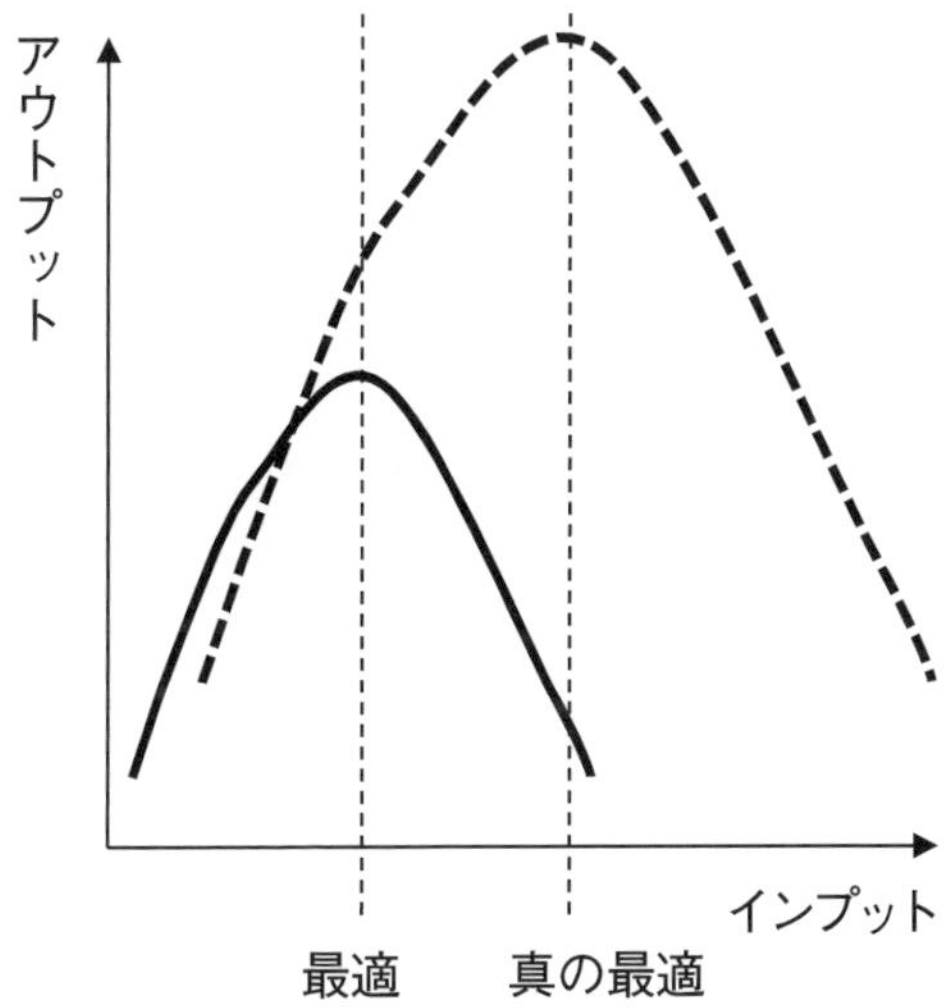

〈図5〉インプットとアウトプットの関係を表す図。最適以外のインプットでは、アウトプットは一般に下がってしまう。

「売れ残りが1個だけ出るように販売するのがよい」というものだ。仕入れた量をすべて売れば、残りがないため良いように思えるが、売り逃しの可能性もある。しかし仕入れが多すぎて、あまりにも売れ残りが多くなるとこれもまた無駄だ。そこで、売り逃しなく、売れ残りが最小になるためには、1個だけ残るようにするのが良い、という考えだ。本当に〈図5〉の実線のようなカーブになっていることを確かめるための一つの有効な方法だといえる。

しかしこの考え方も、現在の地球規模の食料問題を考えると少し疑問を感じるが、それはまた後ほど詳しく述べよう。

プロセス図

さて、無駄における目的や期間、そして最適な方法というものを分かりやすくイメージできる図を導入しよう。それは期間のスタートとゴールの途中のプロセスを道で表現したもので、プロセス図と呼ぶことにする〈図6〉。この図では、道の長さがインプットを表し、短いほどコストがかからないとする。すると、最短になるのはスタートとゴールを結ぶ直線なので、これは図にあるとおり最適なプロセスを表す。そしてこれが投入効果図でのインプットの最適、つまり最低コストに相当する。

この〈図6〉により、ゴールに到達する途中で発生する無駄を表してみよう。図には三つのプロセスの例が書いてある。

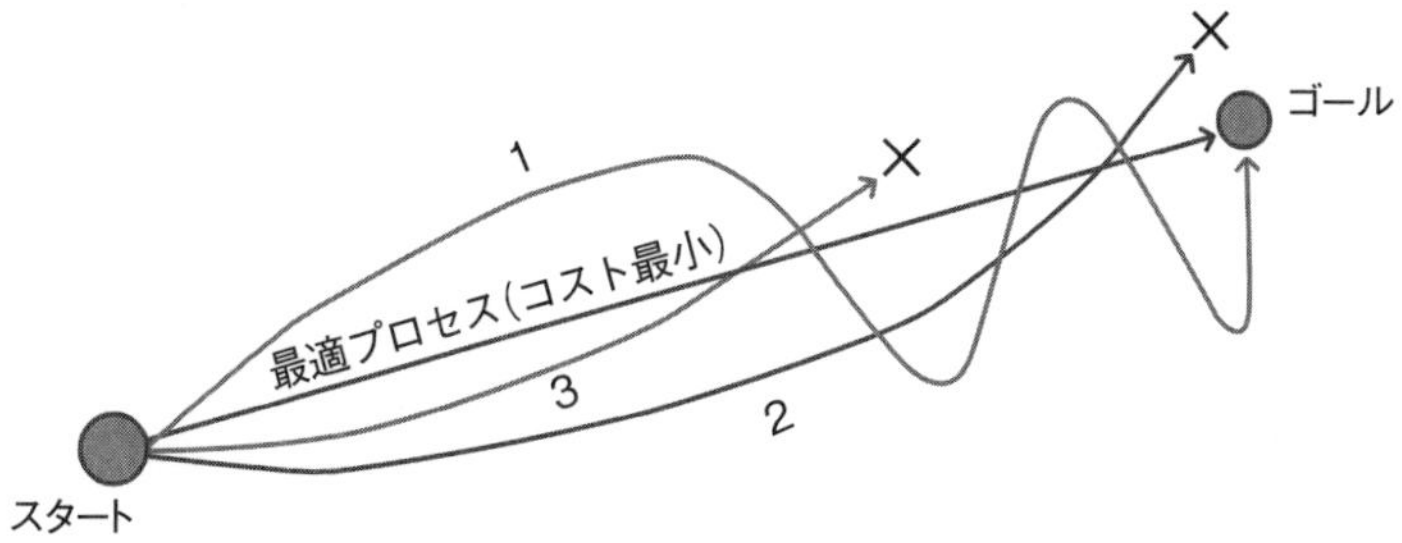

〈図６〉無駄が発生する様子を表すプロセス図。目標まで最短で行く経路が最も無駄が少ない最適プロセスを表す。

まずプロセス１はゴールに到達しているが、途中はかなり回り道をしている。そのため、トータルの投入コストがかかりすぎているため、いくらゴールに到達しても損になっている可能性がある。

プロセス２では、定めたゴールには到達していないが、近いところまで来ており、さらに回り道も少ない。これは設定された目標とは少し異なる結果になったが、もしかしたら益が出ているかもしれない例だ。

最後のプロセス３はゴールから遠いため、いくら回り道がなくても仕事のアウトプットはほとんどないと考えられ、やはり損になっている例を表している。つまり、この図では、ゴールに近くまで到達し、その道の長さが短いほどインプットをアウトプットが大きく上回り、無駄が少ないことを表す。

さらにこのプロセス図を用いると、目的と期間を定める意味が分かりやすくなる。まず、プロセス３では目標は達成できなかったが、実は偶然にも別の目標は達成できていた、という可能性もある。それは、最後の到達点である「×」のところが、何か他の目的で役に立つような場合だ。例えば、ある会社がマンションを建てようとして空き地を整備していたところ、途中で資金繰りがうまくいかなくなり、完成させることができなかった。しかしその整備された空き地を後に公園として提供した結果、市民の憩いの場になって会社のイメージアップにつながった、というようなケースだ。

また、このプロセス3はある期間内でゴールに届かなかったことを表しているが、もう少し時間が経てばゴールに到達するかもしれないのだ。少し作業が遅いだけなのに、その結果を無駄といえるのだろうか。これは決められた期間がどれだけ厳しいものかに依存する。少しだけ待てるのであれば、結局ゴールに到達できると考えられるが、厳密に期間が決められている仕事では、1秒の遅れも命取りになる場合がある。

また、プロセス1では、確かにうろうろと無駄な回り道をしているが、実はその途中でいろいろと偶然の発見をすることも多い。これを「寄り道効果」と呼ぼう。

この有名な例が、電子レンジの発見だ。もともと軍需製品メーカーの社員が、軍事目的で小さな物体を捕獲するためのマイクロ波レーダーの開発をしていた。その開発の紆余曲折の途中で、マイクロ波によって物体を加熱できることを発見し、電子レンジを考えついたのだ。電子レンジの開発にかける時間は、レーダー開発という目標からすれば無駄といえるが、会社全体の利益を考えると決して無駄ではない。

このように寄り道効果によって、当初の目標以外に様々な価値を生み出す可能性があり、決して寄り道は無駄とはいいきれない。しかしその効果は予測不可能なので、寄り道をわざとすることは、ある程度余裕がない限り難しいだろう。

しょう油のかけすぎ

以上で、無駄とは何かを考える基礎ができあがったので、ここからはいくつか具体的な無駄の例について投入効果図を用いて分析してみよう。

まず、料理にしょう油などの調味料をかけ過ぎる、という身近な無駄を考えてみよう。最初の例なので、以下やや詳しく述べる。この場合、色々な状況が考えられるので、少し限定して分析をすすめよう。まず人がしょう油をかける平均的な量はほぼ決まっているとし、ある人がこの量を超えてかけている、という無駄としよう。当人は何となく習慣でそのような行為をしてしまう場合が多いため、誘引型、あるいは不覚型の無駄に属している。

〈図7〉がこの場合の投入効果図の例になる。期間を表す時間軸は、今回はしょう油をかける前と後という二つの断面のみ考えればよい。そしてしょう油をかける目的とは、料理を美味しくして食後の満足感を上げる、ということになるだろう。

さて、かける前の軸には、平均的な量と、当人がかけようと思っている予想インプットが書いてある。この差がかけすぎの量に相当している。次にAと書いてある線があるが、これはしょう油をまったくかけないときの素材そのものの満足度で、つまりインプットがゼロのときの予想アウトプットを描いたものだ。もちろんしょう油をかけた方がアウトプットが上がると予測しているため、当人はしょう油をかけるのだ。ふつうの人の満足度もしょう油を少しかけた方がAより

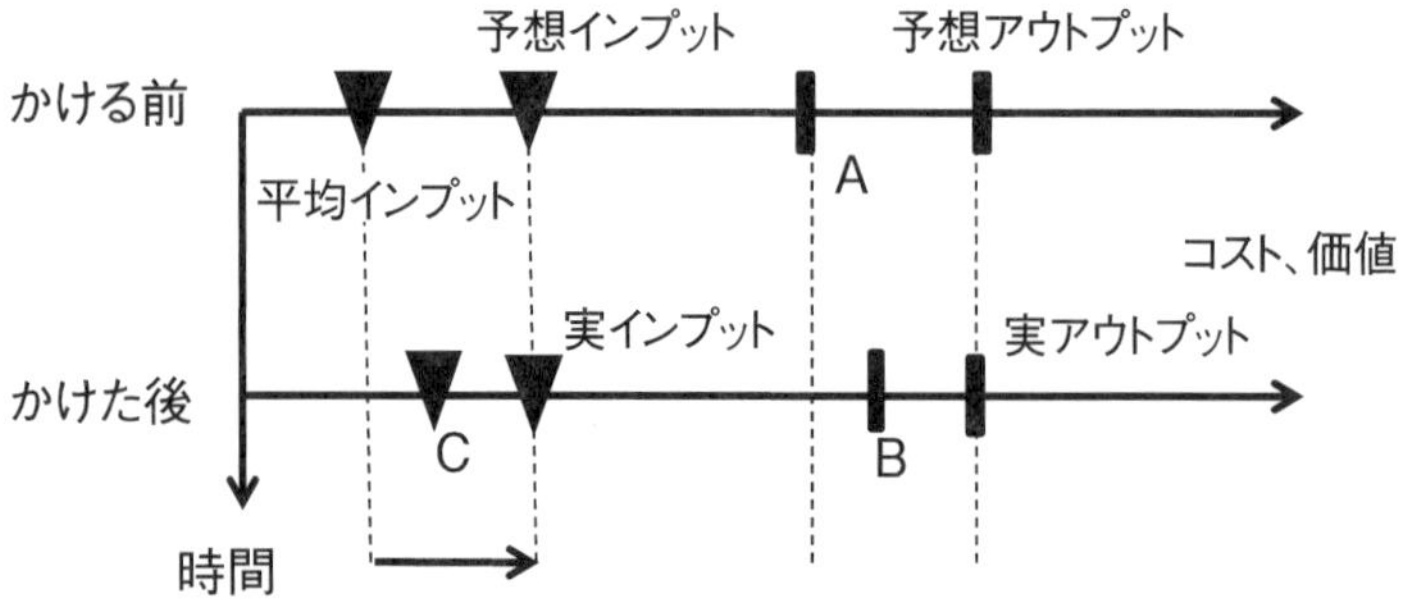

〈図７〉いつも適量を超えてしょう油をかけてしまう、というケースの無駄分析。平均よりも多くかけている分だけ無駄だが、これは習慣になっているために無駄とりに時間がかかる。

は上がる。

次にかけた後の軸を見てみよう。実際にかけた実インプットは予想インプットの量と同じと考えられる。そして実アウトプットも、予定通りいつもの味で美味しい、と感じているため、予想アウトプットと同じ位置になっている。

さて、ふつうの量をかける人がこの料理を美味しいと感じる満足度（アウトプット）は、このしょう油かけすぎの人が感じるものとほぼ同じとしよう。すると、ふつうの人が得る益より、かけすぎの人が得られる益の方が小さくなっていることが分かるだろう。つまりかけすぎの人は、インプット増加分だけふつうの量の人より低い益しか得られていない。これは長い目で見れば、食事の満足感は同じでも、しょう油の消費量がかなり多くなって無駄をしていることになるのだ。

この問題は生活習慣に根ざしているので、無駄をすぐに取り除くのは難しい。しかし例えば少しずつしょう油をかける量を減らしていくとする。この減らした投入は

〈図7〉のCに示されている。このときはもちろん効果は今までより下がり、この本人にとってはBの位置になってしまうだろう。しかしふつうの量の人はもっと投入を減らしてもBより高い位置での満足度が得られているのだ。当人もCの位置で慣れてくると、だんだんと満足度も増加し、元の位置と変わらなくなってくる。これを繰り返すことで、無駄を減らしていくことができる。この様子を〈図8〉に示した。今までの自分が持っていたカーブが実線で、それを点線のカーブに徐々に変えることが無駄とりにつながるのだ。最適だと思っていた量を減らし、それに慣れることで満足感を回復していけば、このように結果として益を増大させることができる。

また、習慣によるかけすぎでなく、間違ってしょう油をかけすぎてしまった、という場合はどうなるだろうか。これはしょう油の瓶のふたが壊れていた、などの理由が考えられるが、破壊現象を予知するのは現代科学でも難しいので、自然型の無駄と考えることができる。これを〈図9〉に表した。

予想より多くインプットしてしまったため、アウトプットも実際はかなり下がってしまう。ひどいときはしょう油のかけすぎで料理が台無しになった、ということもありえる。これはしょう油を全くかけないときのアウトプットラインのAよりも実アウトプットが下がってしまうことに相当している。ただしこの場合、結果軸においてアウトプットの目盛の読み方に注意しなければならない。益は明らかにマイナスになるはずだが、〈図9〉では実アウトプットが実インプットより右にあるため、プラスになっているように見える。しかしアウトプットを考えるときの原点は、インプットがゼロの位置になるため、Aより左にくればアウトプットはマイナスの値になる。

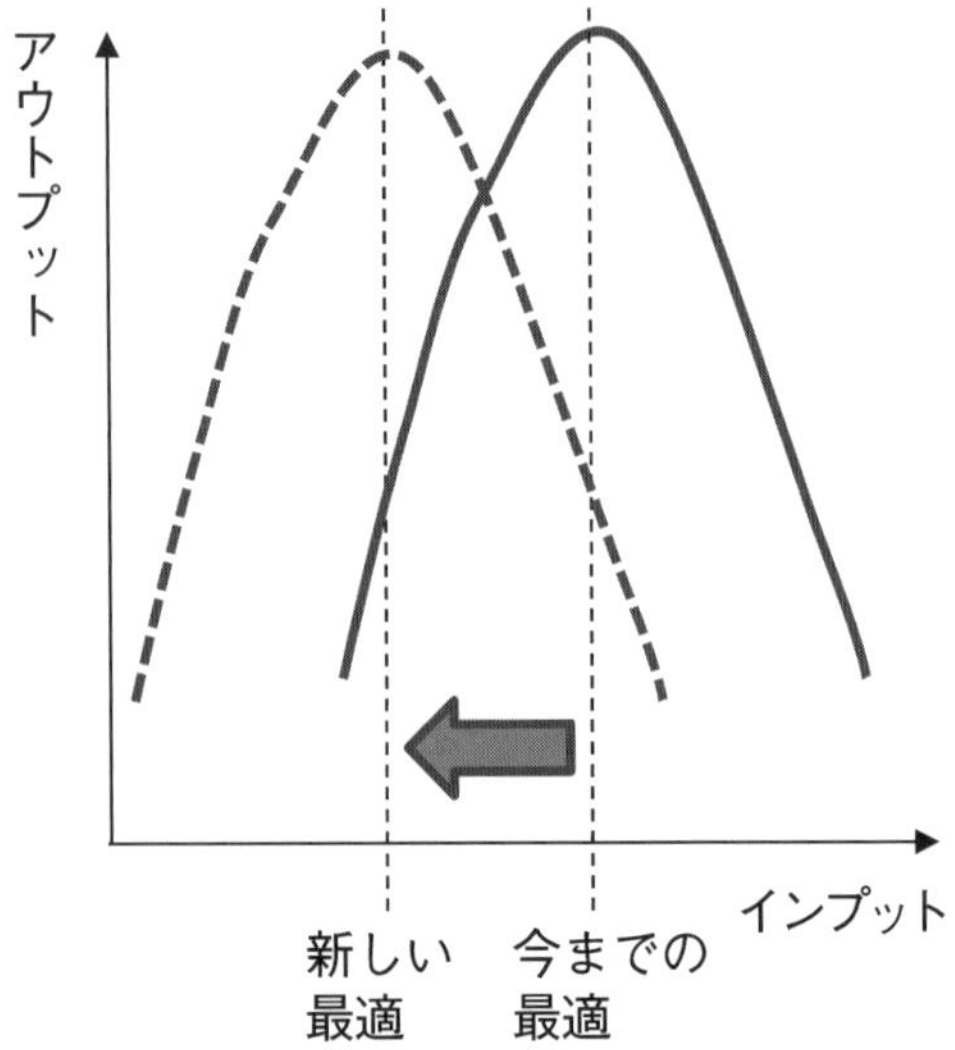

〈図８〉しょう油のかけすぎの改善方法。減らした状態で慣れることで満足度が回復してくることを利用する。

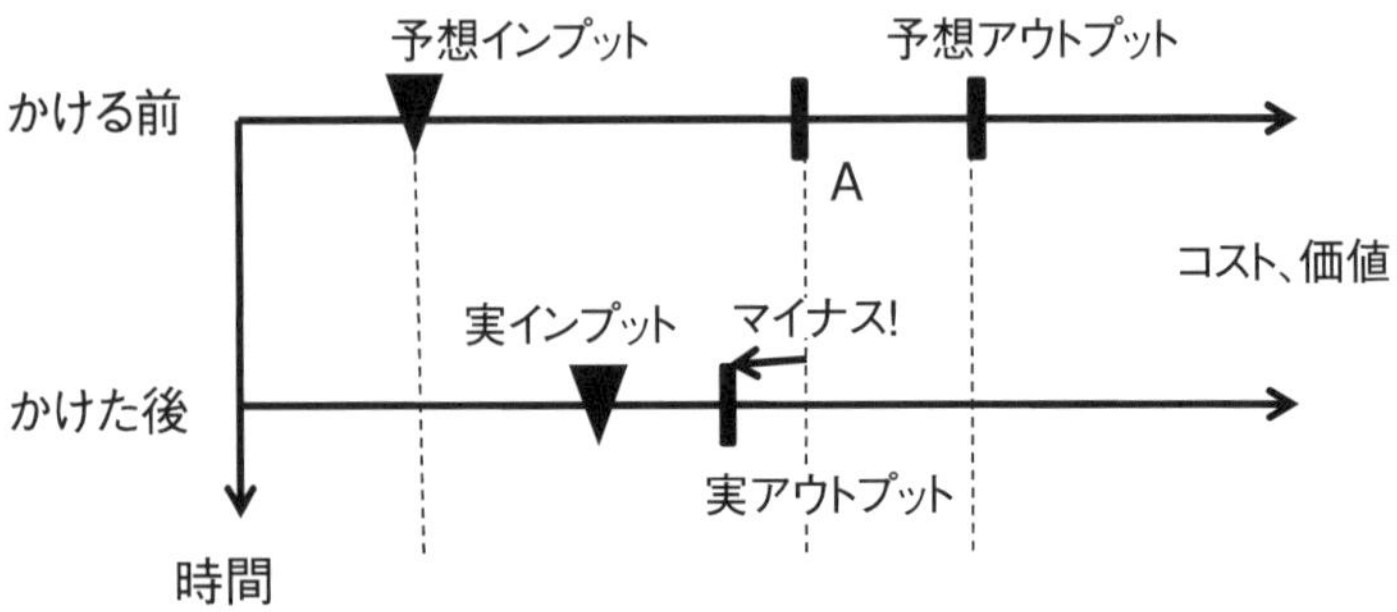

〈図９〉思わずしょう油をかけすぎて料理を台無しにしてしまった場合。

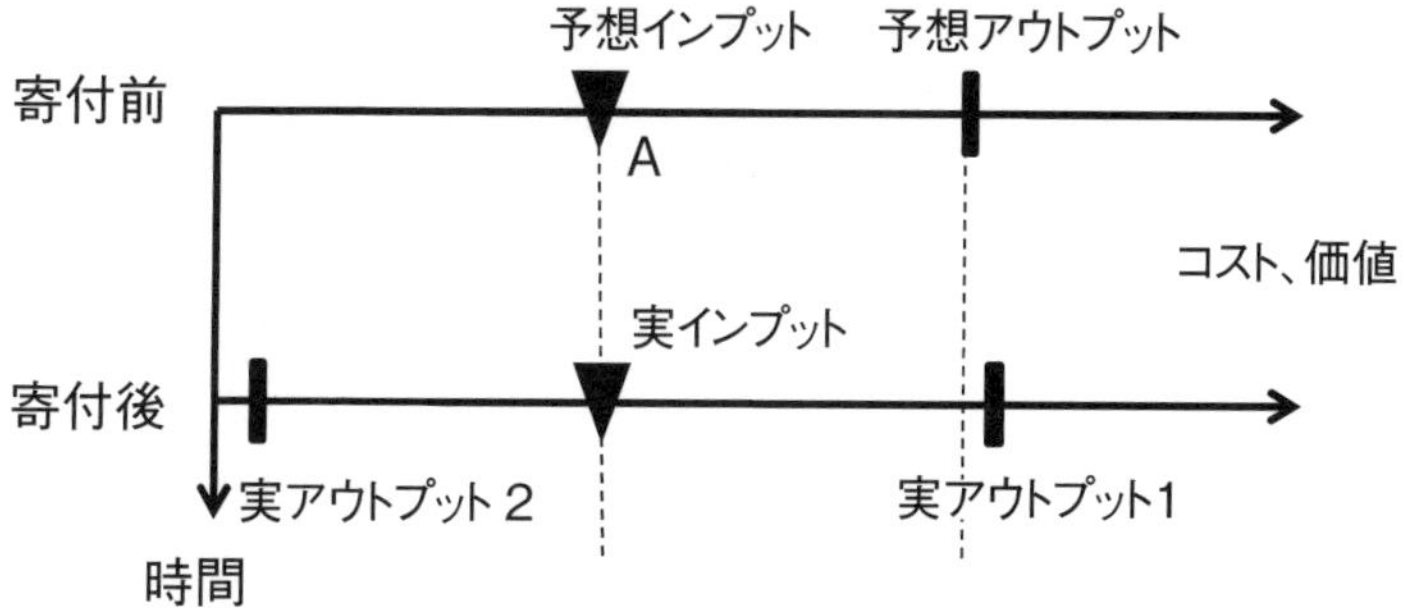

〈図10〉寄付という行為の分析例。寄付をする人はふつう、人を助ける喜びなどのアウトプットの方がインプットより大きいと感じている。

したがって負の量から実インプットを引くため、益はマイナスになる。

寄付は無駄か

次に寄付という行為を考えてみよう。誰かに自分のお金を寄付するのを無駄だと思う人と、寄付は無駄でない、と考える人がいる。無駄だと思う人は、まったくアウトプットを見いだせず、寄付はお金を捨てるようなものだと考えてしまっている。つまり予想インプットが予想アウトプットを上回るため、この場合は寄付という行為に至らない。

これに対して寄付をする人の場合、その動機はいろいろと考えられるが、例えば寄付金で誰かを助けることを喜びと感じたり、社会貢献の名声が欲しい、などが挙げられる。いずれにしろ予想アウトプットが予想インプットより高いため、寄付を行うのだ。〈図10〉がこの状況を表している。そして予想軸のAは〈図7〉の時と同じで、寄付金そのものの価値を表している。

さて、実アウトプット1では予想よりさらに高くなっている。これは例えば、寄付で救われた人から感謝の手紙をもらい、それがメディアで取り上げられて注目を浴びる、など予想もしない展開をしたケースだ。逆に実アウトプット2の場合は、善意で寄付したつもりが、その相手が別の用途に資金を流用して私腹を肥やしていた、といった詐欺行為にあった場合などだ。そのため図では投入したものがほぼすべて無駄になってしまった様子が描いてある。このような詐欺にあうことで発生する無駄は予測が難しいため、自然型の無駄に分類できるだろう。

以上のように、投入効果図を用いて様々な無駄を分析できるため、ぜひともこれらを活用して自分の身の回りの無駄を整理してみてほしい。その他の様々な例はまた後ほど述べる。

無駄の関連語

さて、ここで少し違った角度から無駄という言葉を眺めてみよう。

まず、その語源だが、空（むな）しいの「むな」の転じたもの、「無駄」と書くのはあて字である、と言われている。ここで空と無の違いについて深く考えようとすると仏教に深入りしなくてはならないが、これは大変なので少し軽く考えてみることにする。

まず無とは、存在しないこと一般を指すとし、空とは何らかの入れ物を想定していて、その中に存在していないことを意味していると考えよう。まさに空っぽ、というイメージが分かりやすい。数学でも何もない場合には空集合というが、無集合とは言わない。これはやはり入れ物を想定していることから来ていると考えられる。そして無駄の駄は、つまらない、価値のない、という意味だが、この観点からすれば、無駄とは、単に箱の中身がなくなっているのではなく、箱ごとその存在のすべてが失われている、というニュアンスを感じる。

次に類語との比較をしてみる。以前に挙げた、もったいない、という言葉は無駄とほとんど同じ意味で用いられる場合が多い。しかし重要なことは、もったいないには「惜しい」という感情が含まれている。無駄があると、確かに人は惜しいと感じる場合が多い。無駄が出るのが惜しい、それをなくしたい、という気持ちが強い場合は、もったいないという言葉を使う。

例えば、目的にたどりつく前にあきらめてしまう、という例を紹介しよう。私の友人で、博士号を取得しようと思って大学に入ったが、博士課程の修了を目前に控えて、博士号も取らずに突然大学を辞めてしまった人がいる。友人には色々な事情があったとは思うが、あと3カ月頑張れば無事に卒業できたのだ。これは私が本当にもったいないと感じた例だ。

また、このもったいないと思う人の気持ちをうまく利用しているのが、ビジネスにおける接待ではないだろうか。大量のコストを相手に投入して、相手を心地良い気分にする。その相手は、自分に投入されたコストに対して、何か相応の結果を返さなければ、投入分を無駄にさせてしまうと申し訳なく感じる。つまり、いくら相手の時間やお金であっても、それが失われるのはもったいないと思っているのだ。この良心の呵責により、取引にサインをしてしまう。逆に投入側からすれば、これは自然型の無駄に相当するだろう。いくら自分が頑張っても、相手を説得するというのは難しいことで、人の気持ちを予測することは一般に不可能だ。しかし取引ができる可能性を信じて自己犠牲的にコストを投入する。こうしてわざとコストを費やすことで相手のリターンを期待するが、もちろんリターンがなければすべて無駄になってしまう。

次に反意語について考察しよう。これは誰でもしばらく考え込んでしまうくらい難しいが、私は「活用」だと考えている。『広辞苑』によれば、「無駄」とは、「役に立たないこと。益のないこと」と書いてあり、また、「活用」とは、「効果のあるように利用すること」となっている。まさに逆の意味になっていることがわかる。投入効果図の軸においても、無駄が「左へ向かうこと」だが、活用は価値を生み出すため、「右へ向かうこと」を意味している。

また、別の観点に注目すると、別の反意語も見えてくる。まず無駄を、無意識の行為で生じたものか、あるいは意識して生じさせたのか、という2通りに分けてみよう。無意識のうちに無駄をしてしまった場合、後になってはじめて「ああ、無駄をした」と気がつく。

逆にわざと無駄をすることもある。例えば、移動する、という目的のためにはなるべく料金の安い方法で、かつ時間のかからない方法が良いが、仮に飛行機1機をすべて貸し切りにして自分一人で移動したとする。大金持ちならばこのような旅は可能かもしれないが、それでもふつうはこういった行為はしないだろう。自分が座らない座席の分までお金を払うのは無駄だと思うし、何席分購入してももちろん到着時刻は変わらない。しかし、愛する人の心を射止めようとして、このような行為をわざとすることはあるかもしれない。まさに前述の接待と同じ効果になっている。テレビドラマで「今日は君のためにこのレストランを貸し切りにした」などと役者が言うシーンを見かけたことがある。この場合は意識してお金を余計に使ったわけで、ふつう「贅沢」と

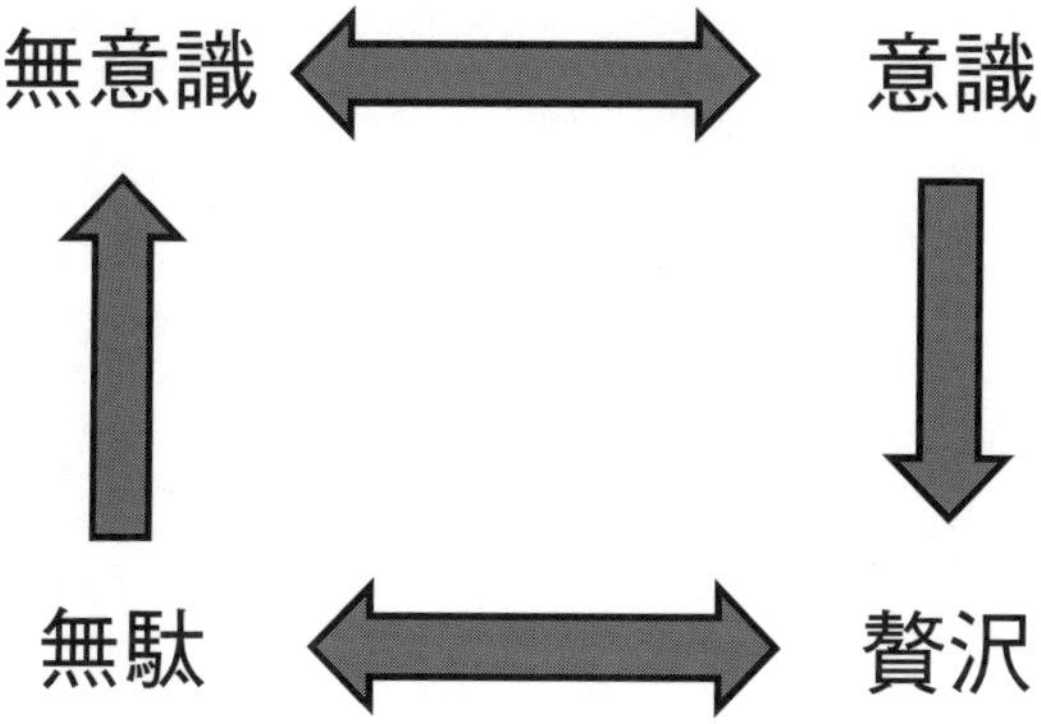

〈図11〉無駄の反意語を考える図式。数学でこれは可換図式といわれている。別のレベルに言葉を置き換えて、そこで反対語を考えて元に戻す。

呼ぶ。そしてこれを無意識と意識という反意語に対応させると、無駄の反意語として贅沢が挙げられることを意味している〈図11〉。

　これは実は極めて数学的な思考方法で、矢印の図は、数学で可換図式といわれているものだ。もとのレベルから別のレベルへの対応関係をうまく作って、そのレベルで反意語を議論し、それをもとのレベルへ対応関係を逆にたどって引き戻すことで間接的に反意語を決めている。

　もっとも贅沢することを無駄と思う人がいるわけで、これは無駄の分類では、自然型に分類されるケースが多いだろう。例えば先ほどの例で贅沢しても相手から何もリターン、つまりアウトプットが得られなかった場合がこれに相当する。

　体についた余分な脂肪を贅肉というが、無駄肉とはあまり言わない。贅肉がつくというのは、食べ物をたくさん食べてしまうからで、体に悪いと分かっていても一時的快楽のため誘引されてしまう人におこりやすい。したがって意識しているということで、贅肉という表現の方がふさわしいのだ。「無駄の反対語は贅沢」と答えたのは実は前述の山田さんだ。彼はトヨタ生産方式でのムダとりの経験から、このような考えをもつようになったのだ。それではここで、トヨタ生産方式での無駄の定義について触れておく。それは、

「付加価値を生み出さずに、原価のみを高める生産の諸要素」

となっている。少々分かりにくい表現で詳細は次章で解説するが、要するに顧客にとっての価値を生み出さないのに、貴重な資源を消費していることを意味している。また、前述の大野耐一は、無駄とは、「駄賃がもらえないこと」と簡単に述べている。仕事とは、お客さんがいる、つまりお金を支払う人がいてはじめて成立するもので、誰が顧客なのか意識していない、あるいは顧客のいない労働はすべて無駄とみなす。相手がどのようなゴールを望んでいるのか、そしてそれに対して提供側が結果としてどれだけアウトプットを達成できたのか、ということを常に意識する必要があるのだ。

無駄をなくすには

次に、無駄をなくす方法について考えてみよう。具体的な詳細は次章以降に述べていくが、ま

ず「見える」無駄はその気になれば取り除くことができる。問題は、「見えにくい」、そして「見えない」無駄だ。まず、「見えにくい」無駄は「見える化」することが重要になる。つまり、見えるようになれば取り除くことが可能なため、いかにして見えないものを見えるようにするかがポイントになる。

これはトヨタ生産方式でも行われている改善の手法の一つで、その基本は「微分」にある。つまり、目的までのプロセス全体をいくつかの区間や単位に小分けするのだ。そしてその小区間の中で最適な方法を考え、最後にそれらをつなぎ合わせる。はじめから一気に全体を見渡すと無駄がどこにあるか見えにくいが、小区間に分割すると無駄が見えやすい。

ただしこの考えの背後には、局所的に最適なものをつなぎ合わせていくと、全体として最適なものができる、という考えがある。例えばマラソンを思い浮かべてみよう。全体をいくつかの区間に分けると、上り坂区間や下り坂区間などがあり、それぞれで最適な走り方が異なる。したがって、その区間に合った走り方をそれぞれ練習してベストにもっていくのが微分の考えだ。

しかし、上り坂は苦手なのであまり練習せず、得意な下り坂と平地のみを極限まで鍛えて上り坂のところを挽回する、という戦略もあってよい。最後にゴールするときのタイムがよければ最終的には勝つので、苦手を克服するよりも「得意なところを伸ばして苦手を補う戦略」もありえる。

このように全体を考えて最適なものを見つけることは「大域的最適化」と呼ばれ、数学でも難しい問題になっている。区間を小分けしてその中で最適なものを見つける「局所最適化」は、比較的やさしい。しかし局所最適化を繰り返していけば、いつも大域的最適化になるとは限らない。これは第1章でも述べたことだが、「部分を集めても全体にはならない」ということと関連している。それでもまずは微分をして無駄を「見える化」し、そして局所最適化を積み上げていく改善方法がとられることが多い。

しかし最終的に目指すべき姿は、やはり全体を見渡したうえで無駄をとることだ。これは深い経験と鋭い直観力が必要とされ、そのためには習得まで時間がかかるし、一生かかってもすべてを見渡すことが難しいかもしれない。「改善に終わりなし」という言葉があるが、はじめは局所最適化から手がけ、そして次第に大域的な最適化を目指す努力を常に怠ってはならない。

また、これに関連した身近な話題で、夏休みの宿題をいつやるか、ということを考えてみよう。休み中は遊んで最終日に徹夜して一気に終わらせる人もいれば、毎日コツコツと1ページずつ解いていく人もいる。これはまさにウサギとカメの物語だが、私は逆に夏休み初日に徹夜して終わらせるタイプだ。とにかく最終日までに1冊のドリルを終わらせればよいので、その戦略はいろいろと考えることができる。宿題を夏休みに平均化して割り振る計画をたてた人は、局所最適化を目指し1日1ページを目標に頑張る。これに対して、私のように初日に一気に終わらせるというのは、日程に余裕があるのにその労力が無駄だ、と思われるかもしれない。これを無駄学的に自己分析すると、以下のようになる。

初日に終わらせれば、夏休みは自分の好きなことを気兼ねなく自由にできるようになる。そして何か楽しい行事が突然入っても、時間に余裕があるので機会損失なく対応できる。つまり、宿題を終わらせる、という目的以外に考えていることがあるのだ。したがって目的を「突然の楽しい行事に参加すること」と設定すると、この行事が発生することを予測するのは困難であり、そのために苦労して宿題を早く終わらせるのは自然型の無駄に属しているといえる。

自然型の無駄と宿命

一般に自然型の無駄については、人間の予測を超えたものなので改善は最も難しいものになる。投資などでは数学を駆使してある程度は予測を精密化しているが、それでも大きく外すこともしばしばある。

まず、我々人類には絶対にとれない宿命的な無駄がある。それは自然界の原理からくるもので、前述の光の速度以外にも、例えば熱と仕事に関することがある。蒸気機関車のように、熱を使えば仕事をさせることが可能だ。逆に何か仕事をすれば熱を発生させたり、他から熱を奪ったりすることができる。暖房や冷房も同じ原理で、熱と仕事はお互い変換できるのだ。しかしその変換効率は絶対に100%にはできない、ということが物理学で示されている。これはどんなに技術が進歩しても、必ず変換の際には無駄が発生してしまうということだ。このように絶対にとれない無駄に対しては、改善しようとすること自体が無理な話なのだ。

少し身近な話題では、生命保険が挙げられる。生命保険にお金をかけるのは無駄だろうか。私の周囲にも、生命保険に加入している人とそうでない人がいる。これは万が一の事態に備えるためのリスク管理のためだ。自分が大きな病気をしたときの医療費、そして死亡時に妻や子供が困らないようにお金を残したい、など、その動機は様々だ。しかし、その万が一の事態というものが予測不可能なのだ。これは保険会社にとっても同じ問題だが、保険会社は高度な数学を使って平均余命のデータから適切な料金設定の計算をしている。さらに保険会社もまた保険に入ったりしている。それでもベストにすることは不可能だ。

この問題を考えるときにいつも思うのだが、人間はいつ死ぬか分かっていると人生を最適化できるのではないだろうか。山田さんはある時に講演で「あなたは何歳まで生きるつもりですか」と聴衆に尋ねたことがある。「皆さんを見ていると、まるで160歳まで生きるかのように行動している」とも付け加えた。

耳の痛い言葉だが、期間を設定することが無駄を考える上でいかに重要かを言い当てている至言ではないだろうか。

第3章　無駄との真剣勝負

ムダとりの歴史

無駄とは何かがはっきりしたところで、いよいよこれから最も厳しく無駄をなくそうと取り組んでいる業界を見ていこう。それは製造業やサービス業に属する企業におけるムダとりである。競争が激化している現代の資本主義社会において、無駄を排除していかない企業はいずれ淘汰されてしまう。無駄の発生がその企業生命と直結しているため、こうした企業では必死になって日夜ムダとりを行なっている。その様子を紹介したいと思う。そしてこの無駄との戦いは、決して我々の日常生活とかけ離れたことをしているわけではない。むしろ参考になることばかりで、実際に様々な分野のムダとりに既に応用されはじめている。

18世紀半ば、イギリスで産業革命が起こり、繊維産業を中心に機械化が進んで大量生産時代が幕をあけた。工業化を加速してきたアメリカでも、20世紀になって大量生産体制をとるためにはどのような生産システムにすればよいのか、という研究が本格化してきた。それまでは、企業規模が拡大しても内部の組織に対する考えは習慣に基づく従来通りのままで、いわば経営者はその場しのぎで成り行きまかせの経営をしていた。しかしこれはすぐに問題を生じさせてしまった。例えば今まで通りに出来高に応じて労働者に賃金を支払っていると、大量生産でどんどん出来高が増えていくので、その分賃金を上げないといけなくなってきたのだ。そこで経営者は賃金を切り下げようとする。すると労働者は作れば作るほど賃金が下がると思ってしまうため、勤労意欲を失い組織的に怠慢をするようになってしまう、といった悪循環に陥るのだ。

この課題に直面した時に登場したのが、1911年に発表されたテイラーの「科学的管理法」である。

これは生産に管理という考えを初めて持ちこんだもので、まず1日の仕事のノルマを設定した。しかもこれを精密に定めるために、工場での様々な作業を細かく分け、ドライバーでネジを締める、板を折り曲げる、などの作業単位にかかる時間をすべてストップウオッチで計測した。これにより生産にかかる標準的な時間を定め、優秀な作業員ならば1日どの程度作れるかを科学的に分析したのだ。こうして各人の無駄な動作や遅い動作をチェックし、生産現場における無駄をなくす努力が開始された。しかも生産に使用する工具類や労働環境などをそろえて標準化し、熟練者でも未熟な者でもなるべく同じように働けるようにマニュアルを作成した。この方法は生産システムに大きな影響を与え、その後様々な企業に採用され、その生産性を飛躍的に高めることに成功した。

さらにこの大量生産時代の象徴といえば、フォード社のベルトコンベアによる流れ作業が挙げられる。これは作業員がベルトコンベアの前にずらりと並び、次々に上流から流れてくる材料を加工していくものだ。作る工程とその作業員を一連のライン上に並ばせるため、「ライン生産方式」といわれている。これも作業員は特に難しい技量は求められず、単純ないくつかの同じ作業をひたすら繰り返すだけだった。細分化と分業化を究極まで推し進めたもので、まさに大量生産に適した製造方法になっている。ベルトで各工程がつながっているため、すべての作業を同期することができ、またベルトのスピードを上げれば生産性も向上する。そしてこの方法により作られたT型のフォード車は、量産による価格低下のおかげで飛ぶように売れたのだった。

しかしこれらの方法の登場は、労働を一連の単純な反復作業にし、そこで働く人間を機械のように扱い、管理者は労働者を監視する、といった軍隊のような職場に変化させていった。そしてこの様子は1936年のチャップリンの映画「モダン・タイムス」で風刺されている。この作品は私の大好きな映画の一つで、工場で歯車に巻き込まれていくチャップリンの姿には腹を抱えて大笑いした。しかしこれは工業化を推し進めようとする当時の資本家にとっては反社会的な内容だった。

フォード方式を徹底研究

さて、同じ時期に日本では、今のトヨタグループの基礎を築いた豊田佐吉《さきち》が自動織機を完成させていた。ここには今のトヨタを支える大きなアイディアが組み込まれていた。それは糸が切れたり、必要な糸が1本でも不足した場合には、自動的に機械を停止させるという機構だ。単純なことに思えるかもしれないが、これにより不良品を作り続けることがなくなり、品質が劇的に向上したのだ。しかも機械を監視する人も不要になるため、一人で何台も同時に扱うことができる。こうして自動的に休みなく作り続けることができ、また見張り番なしでも不良品という無駄を作り出さない、というシステムが日本で誕生した。とにかく異常を検知したら製造を停止し、それを自動的に知らせるような設備を作るという考えは「自働化」といわれている。ニンベンのついた「働」という字により、人があたかも見張っているような機械というニュアンスが込められている。

また同時に、佐吉は米国を訪れた際に、自動車が人やものの移動に大いに使われている様子を見て、これからは自動車の時代だと直感していた。そして長男である喜一郎《きいちろう》もそれを強く感じていて、日本がここで自前で自動車を作らないと将来はアメリカの経済的植民地になってしまう、と危機感を募らせていた。

その後、喜一郎は自動車事業に乗り出し、技術的な研究を重ねて、ついに1937年にトヨタ自動車工業株式会社を設立した。ここで喜一郎は工場の設計にあたり、フォード社のシステムを徹底的に研究した。そしてついにフォード社にない新しい「ジャストインタイム」という生産方式を考え出したのだ。これは「必要なものを、必要なときに、必要な量だけ」調達し生産するというものだった。各作業やラインの間に存在する作りかけの半製品のことを「仕掛り品」というが、これは製品の急な仕様変更などのときはすべて無駄になってしまう。したがってジャストインタイムの考えで製造すればこうした仕掛り品を最少に抑えることができ、経済的な効率は大幅に改善されるのである。

時代は間もなく第2次世界大戦へと突入していった。そしてこの戦争の敗北で日本は壊滅的な打撃を受け、国土は焦土と化した。資金や資材が不足している状態での産業再生は、明らかに大量生産とは違うやり方が必要だった。そこで限られた資源で安くものを作ることで利益を出そうという「限量経営」という考えを提唱したのが、後にトヨタ自動車の副社長になった大野耐一である。

大野は製造現場での様々な無駄を発見し、またテイラーとフォードシステムをうまく組み合わせ、ジャストインタイムの基本形を作り上げた。こうしてついにトヨタ生産方式が誕生したのだ。当時、大野をバックアップしていたのが豊田英二社長で、このトヨタ生産方式により「世界のトヨタ」といわれるまでに会社を成長させた人物である。

アメリカの自動車産業は大量生産方式で世界を制覇したが、こうして後発の日本に圧倒されることになった。１９８０年代になって、このトヨタ生産方式を今度はアメリカが逆に分析し、それは「リーン生産方式」という名になりアメリカの自動車企業を復活させることになった。「リーン」とは「贅肉がなく引き締まった」という意味である。また２０００年に入って今度はそれを日本の企業が逆輸入するといった現象も見られている。それほどこのトヨタ生産方式は本質をとらえたものと言えるだろう。

トヨタ生産方式とは

それではこの生産方式の内容を少し詳しくみていこう。ただし、本書は経営学のテキストではないので、無駄に関連したことに重点をおいて述べていきたい。これは生産現場という限定された状況での無駄を定義し、その排除のためのヒントを提供してくれるものだが、実際には幅広い分野に応用が効く。

大野夫人である良久《らく》は、あるインタビュー記事で「もしかしたら私が購読していた『婦人之友』という雑誌が夫のトヨタ生産方式の発案のヒントになったのでは」と述べている。当時この雑誌には、炊事や買い物などの日常生活で、次にすることの段取りを考えて行動することで無駄を省く工夫がたくさん載っていたそうだ。大きな発明発見というものは、意外に身近なことがヒントになっている場合が多いのだ。そして今やトヨタ生産方式は製造業という枠を超えて、病院や空港などの施設や店舗、郵便配達業務、そして選挙開票システムなどといったところにまで応用されてきていることを後で紹介したい。

さて、トヨタ生産方式の無駄とは、「付加価値を生み出さずに、原価のみを高める生産の諸要素」という定義であった。まずこの意味を正しく理解するには少し会計用語をおさらいする必要がある。

企業は製品を作ってそれを売る。売上から、その製品を作るために買った材料費や従業員の人

件費などを差し引いた残りが企業の利益になる。そしてこの材料費や人件費などをまとめて原価と呼ぶ。つまり、

利益 = 売値 − 原価

という簡単な関係がある〈図1〉。したがって、同じ売値でも原価を小さく抑えることができればそれだけ利益が上がるのは当然のことだ。また、利益ゼロ、つまり原価と売値が同じになったところを損益分岐点という。これ以下に売値が下がると、アウトプットがインプット以下になって損になるのだ。したがって利益を大きくする、という目的のためには、原価を高めることは無駄につながる、ということはすぐに分かるだろう。

次に「付加価値とは何か」であるが、これを真面目に考えだすと話がややこしくなる。実は分野や職種によって定義が異なっており、例えば経済産業省、財務省や日銀などでも計算方法の詳細は異なっているほどだ。しかし、もともとの意味は単純で、この付加価値を作ることこそが企業経営の目的のひとつなのだ。

企業は材料を他から購入して、製品やサービスを作り、それを売って売上を上げる。すなわち、売値から材料費を引いた分がその企業の活動で新しく生み出された価値になる。これが付加価値だ。すると、原価というものを二つのグループに分けて考えることができる、ということに気がつく。製品の生産量を増やせば材料費は比例して増えるが、働く人の数は変わらないので人件費

はそのままだ。このように生産量とともに変わるものを「変動費」、そしていつも一定に保たれる人件費などを「固定費」と呼ぶ。以上より、

付加価値 ＝ 売値 － 変動費 ＝ 固定費 ＋ 利益

と表すことができる〈図1〉。

以上で、ここでの無駄の定義を理解することができる。まず、目的と期間だが、目的はもちろん「自社の利益を最大にする」というものだ。そして期間は通常は1年間と定める。あるいは6カ月という半期決算、3カ月という四半期決算、さらには1カ月という月次決算など、より短い期間を定める場合もある。さて、売値は市場の相場で決まるのが普通なので、企業が勝手には決められない。したがって、

利益 ＝ 売値 － 原価

という式から、とにかく原価を減らすことが重要だということになる。

ここで既にトヨタ生産方式は、大量生産時代と発想が異なることに注意しよう。企業は製品を一つだけ作って売っているのではない。実際は製品一つあたりの利益を販売数分だけ掛け算したものがすべての利益だ。したがって、利益を増やすためには、原価を減らすだけでなく、販売数

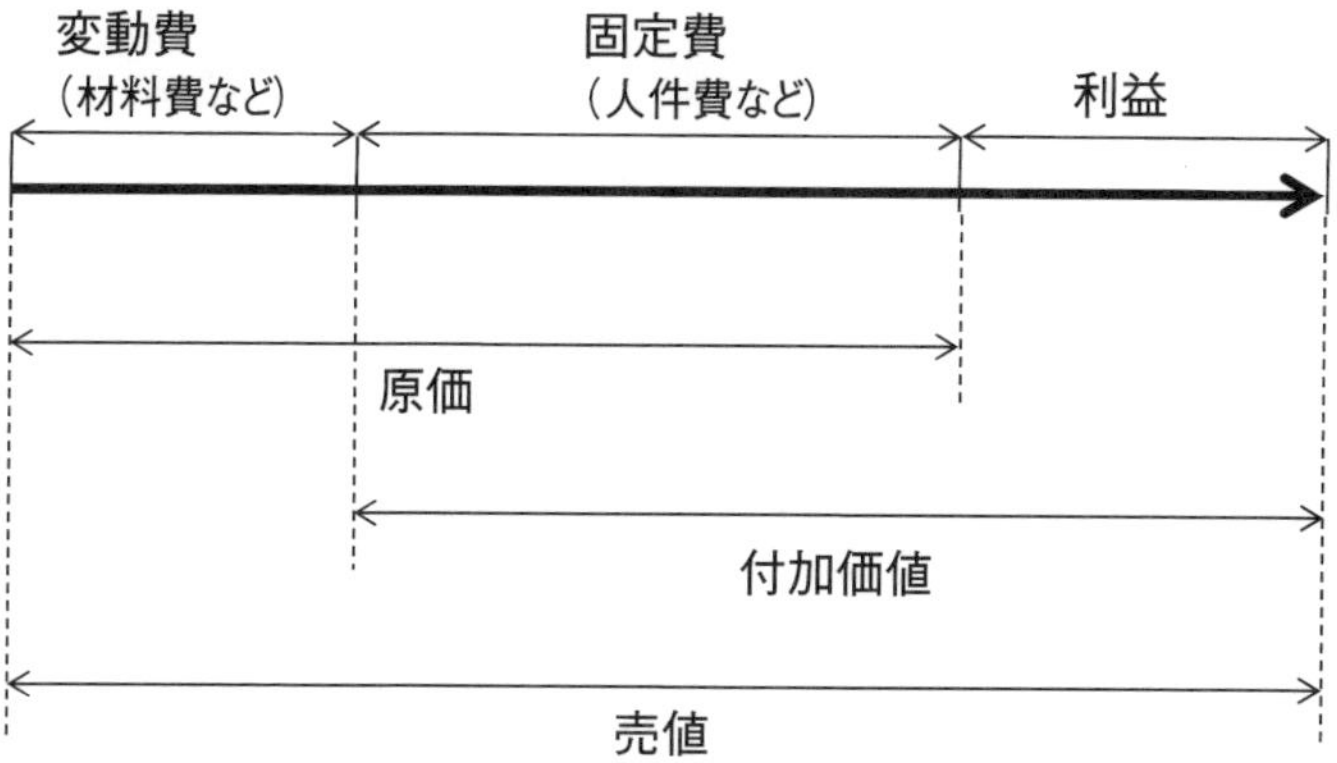

〈図１〉会計上の売値、原価と付加価値の関係。原価は変動費と固定費に分かれ、売上から原価を引いた分が利益になる。また固定費と利益の合計を付加価値という。

を増やせばよい、となる。これが大量生産時代の発想だが、販売数が飽和してくると、原価を下げる努力の方がはるかに重要になってくる。この発想の転換がトヨタ生産方式なのだ。

さて、原価は固定費と変動費の和なので、このどちらも減らすことができればそれだけ利益が増えることになる。例えば仕入れ値を下げたり、人件費を減らすことはもちろんだが、機械設備を動かすのにもエネルギー代がかかるし、倉庫を借りていればそのレンタル料も固定費に計上される。したがって設備や場所を効率よく使ってこれを減らすことが無駄をなくすことにつながるのだ。

次に付加価値を高める、というのは、素晴らしい製品を作って市場の評価を上げ、売値を増加させることだ。そうすれば、

利益＝付加価値－固定費

となっているので、付加価値が高くなれば、固定費の分だけ食われても、結局利益が上がることになる。もちろんここでも原価のうち、固定費を下げれば利益が上がることになる。

さらにいえば、原価が高くなっても、その分以上に売値が上がって付加価値が高くなれば利益が増すことになる。例えば、ブランド力を高めるために材料を高級なものに変えたり、一流のものづくり職人を雇うことで付加価値が跳ね上がる、というケースが考えられる。

また、逆に原価を頑張って下げても、売値がどんどん下がって付加価値が低くなるような最悪の循環に陥る場合もある。これは例えば日本の企業がアジアに進出し、安い労働力と土地代を利用し原価を下げたとしよう。その企業が作る製品が大量に出回ると、当然売値も下がってくる。そうすると付加価値まで下がって利益がかえって減る可能性が出てくる。

以上、たった1行にすぎない無駄の定義が、実は深い意味を持っていたことが理解していただけたのではないだろうか。とにかく企業活動の付加価値を高めず、原価だけを高めてしまうような行為のすべてを無駄と呼ぶ。そしてこれは以下に述べる七つに分類できる、としたのが大野耐一なのである。

七つのムダ

以前述べた通りトヨタ生産方式では、すぐにとれる無駄を「ムダ」とし、とれにくい無駄を「むだ」と使い分けている。そしてこれらの無駄は以下の七つに分類できるとし、これこそ真っ先に改善すべきものだと考える。ここには、第2章で述べた分類でいえば三つの無駄がすべて含まれているが、トヨタ生産方式の慣例にしたがって「ムダ」に焦点をあてて説明しよう。

①作り過ぎのムダ

これは余分なものを作り過ぎるムダのことだ。例えばある作業者が予定より早く作り終わったので、明日すべき作業を勝手にどんどんやってしまう、としよう。すると自分より後の工程で要求している量より多く作ってしまうことになり、全体のペースを乱すだけでなく、仕掛り品を余分に発生させることにもつながる。この作り過ぎのムダをトヨタ生産方式では最悪のムダと位置づけている。時代はもはや大量生産ではなく、限量経営なのだ。仕事は計画に沿って決められたペースでやることが最適なのだ。自分勝手な進み過ぎは、まさに過ぎたるはなお及ばざるがごとし、という無駄になる。

②手待ちのムダ

作業者が機械の番をしているとか、何かを待っているというムダである。例えば機械が部品に穴を開けているのを傍らでじっと待っていたり、他の部品の到着を待っているなどだ。この待っている間に別の作業ができるため、何もしていない時間はムダになる。さらにこの待ち時間に別の人がやっている作業ができるようになると、これまで二人でやっていた作業が一人でもできるようになる。このように作業員を一人減らすことを山田さんは「活人《かつじん》」と呼んだ。もともとのトヨタ生産方式では「省人《しょうじん》」と呼んでいるが、「活人」の方が私はよいネーミングだと思う。減らされた人は会社をリストラされるのではなく、別の人手の足りない工程にまわってもらうとか、あるいは新商品開発のアイディアを練る部署へ異動になる。こうして人を活かしていくのが活人で、人材の無駄のない活用を目指している。そのため、トヨタ生産方式では、活人は優秀な人から選ぶ、ということを推奨している。

③運搬のムダ

途中の仕掛り品を次の作業者の所へ運ぶような動作はすべてムダとする。この運搬そのものによって製品に付加価値がつくことはないからだ。もちろんある程度の運搬は必要だが、なるべく最小限に抑えることが重要になる。そのため、連続する工程間の作業場所はできるだけ近くにあることが望ましい。このように間を詰めることを山田さんは「間締《まじ》め」と呼んでいる。これはもちろん真面目にかけた言葉だ。さらにこの間締めによって、一時的に仕掛り品を置くスペースも不要になることがある。なぜなら作ったものを仮置きせずに直接次の工程の人に手渡せばよいからだ。こうして工場内のスペースが新しく空くことで、その場所を別の用途に活用できるようにもなる。これも山田さんは「活《かつ》スペース」と名付けた。まさに無駄の反対語は活用、ということにも通じる。

④加工のムダ

カッターなどの加工に使う用具が切れ味が悪くなっているとか、作業台がガタガタ揺れているためその上での作業がやりにくい、など、ムダな作業で時間を費やしてしまうようなケースだ。これは早くその不具合の補修をすべきである。

⑤在庫のムダ

余分な材料や仕掛り品、そして完成品などを持つムダ。最低限の在庫というものはリスク対策である程度持つことがあるが、これも計画で決められた必要量以上に持つことはムダになる。在庫で持っていた分が最終的にすべて売れればよいが、もし売れ残れば大損害になる。これは作り過ぎのムダがあるところに起きやすいことは①で述べた。そこで在庫の存在を隠滅しようとする経営者もいる。２００８年に放映されたＮＨＫドラマ「監査法人」には、在庫がたまるたびに倉庫が火災を起こす会社、という話があった。また、決算期になると泥棒が入る宝石店、というのもあるらしい。これは高い保険金をかけておいて、災害見舞金で在庫分を補てんするなどという手口だ。

⑥動作のムダ

生産現場では作業員が原材料を様々に加工していくが、この過程で加工に必要な動作とそうでない動作がある。仕事をサボっているというのはもちろん論外だが、一生懸命取り組んでいるように見えるときでも、実はムダはたくさん潜んでいる。例えば、部品を取るのに後ろを振り返る、という何気ない動作も、部品を置いておく箱を前に移動すればなくすことができる。また、部品の置き場所も床ではなく腰の高さの位置にしておけば、かがむという動作も不要になる。さらに、在庫が山積みしてある場所では、必要なものを探さなければならないため大幅な時間のムダが発生するし、これは運搬のムダにもつながる。動作のムダを考えるための有名な話が、ハンマーで釘を打つ、という例だ。この動作の目的は釘を材料に打ち込むことだが、それならばハンマーを振り下ろしているときだけが付加価値を生んでいる。ハンマーを振り上げるという動作は、極論すれば無駄なのだ。しかし我々は物理学の原理により、振り上げることでエネルギーを蓄え、それを振り下ろすパワーに転換する。したがって決して振り上げる動作は無駄ではないが、どこに動作のムダが潜んでいるかについて我々の目を見開かせてくれる良い例え話ではないだろうか。

⑦不良をつくるムダ

不良品はそれ自体がムダで、まさにコストをドブに捨てるようなものである。そしてこれは品質を下げ、消費者の信頼を失う原因になる。しかし不良品を除こうとして大がかりな検査を頻繁にすることは原価を増加させてしまう。したがって不具合があれば自動でそれを検知して機械を止める、という発想がいかに重要かがわかるだろう。これがまさに豊田佐吉が考えた、ニンベンのついた自働化というアイディアなのだ。不良品については、自然型に属すものもある。例えばノートパソコンの液晶画面で、まれに赤い小さな点が光っている場合がある。これは画素欠けといわれ、現代の最高技術を持ってしても発生してしまうことがある。したがって一つぐらいの輝点では不良品として交換の対象にはならないと説明書に明記してある。

以上が七つのムダだが、これは分類でいえばほとんどが誘引型に属している。ただし作業者本人が気づいていない場合、不覚型の「むだ」ということになるが、通常の改善は現場の管理者が作業者を見て指示するため、分かっているかどうかは管理者が決める問題になる。このように管理者は現場を見た時に無駄が見えなくてはならず、これこそがまさに管理なのだ。

またこの七つのムダは、工場だけでなく日常生活にも同様に存在する。「作り過ぎのムダ」とは食事でいえば、必要以上に夕食のおかずを用意してしまって結局全部食べられない、というケースだ。また、レストランのコース料理で、シェフがだいぶ早くメイン料理を作り終えてしまい、客に出す時には料理が冷めていた、などというのもこのムダに属している。客の食べるペースに合わせて作ることが何よりも重要なのだ。

「手待ちのムダ」に関してはいつも感じていることがある。それはパソコンの起動時の待ち時間だ。電源を入れてしばらくしないと作業にとりかかれない。私はこの立ち上げ時間にトイレに行くなど、何か別のことをやるようにしている。

「運搬のムダ」に関しては色々と考えられるだろう。例えば私はカクテルバーが好きでよく飲みに行くが、かならずカウンター席に座るようにしている。目の前で作ってもらってすぐに飲むことができるからだ。カウンターから離れて座っていると、カクテルグラスになみなみとつがれたお酒を運んでもらうのも大変だし、少し時間が経つことで温度も変わってしまう。プロはカクテルシェイカーを振る時に、ちゃんと指で温度を感じながらシェイクしている。飲む時にそのせっかくの最適な冷たさを逃してはもったいないのだ。

「加工のムダ」に関して、例えば学校の机がガタガタしていたため、定規で線を引こうとするとずれた、という経験が誰しもあるだろう。そのために余分な時間がかかり、使わなくていい消しゴムが消費されるのだ。これは机の脚を直すだけでとれるムダだが、その補修作業が面倒に感じられ、そのまま放置してしまうことも多い。

「在庫のムダ」に関しては家庭では冷蔵庫に相当する。たくさん詰め込んでしまうと結局食べきれずに捨てることになるし、中のものを探すのに時間がかかるという「動作のムダ」も発生する。この間はドアを開けっ放しにするため、これは電気代のムダにもつながっている。

最後の「不良品をつくるムダ」というものは、家庭では例えば失敗した料理のようなものだ。作り方をきちんと読んでいないとか、材料を入れ間違えたなどで、結局食材をすべて台無しにしてしまうケースだ。このように生産現場と日常で多くの共通点を見いだすことができる。

それでは企業にはどれくらいムダが発生しているのだろうか。ムダのまったくない会社というものは存在しない。製造業では、付加価値をつけるような加工をしている時間と、無駄な作業をしている時間をストップウオッチできちんと計る計測がおこなわれている。これによれば、ムダな時間と加工している時間の比は、トヨタ自動車でも300：1になるそうだ。つまり、加工が1時間で済むところをトータル301時間もかけて作っているのだ。そして一般の製造業ではなんと5000：1、そして赤字の企業では10000：1程度となることに山田さんは気づいた。

このようにムダはたくさんあり、これを取り除くことが大きな経営改善につながるのだ。

自働化

「七つのムダ」の定義と種類が明らかになったところで、次にトヨタ生産方式の2本柱である、自働化とジャストインタイムについて順に解説しよう。不良品のムダを作らないようにする工夫として自働化があることは既に述べた。これは異常を検知したら即座に機械を停止するものだ。最近の機械設備は高性能で高速化されているため、スイッチ一つで大量の製品を作ることができる。しかし逆に途中で何か不具合があると、それに作業員が気がついて停止ボタンを押すまでの間に大量の不良品ができてしまう。すると投入した材料や電気代などがすべて無駄になってしまう。これを未然に防ぐシステムが「自働化」だ。もちろんどのような不具合にも自動的に対応できる仕組みを組み込もうとすると、非常に高価な設備になってしまうだろう。したがって、ふつうは起こりやすい異常に対してこのシステムを導入し、あとはやはり人による検査を実施する。ただし、これはいつも検査するのではなく、ある決められた個数だけ加工したら機械を自動的に停止させ、人が点検するのだ。こうして大きな異常を未然に防ぐという方法がとられている。まさに定期健診をするのと同じ方法だ。こうして品質管理の原則である「品質は工程で作りこむ」ということが達成される。とにかく作って最終工程で全部チェックする、という発想は原価をつりあげてしまうため良くないのだ。

さて、この自働化は品質向上だけでなく、機械と人の仕事を分ける、ということにも貢献している。人間は機械とは違い、訓練によってもっと大きな能力を発揮できる可能性を秘めている。この思想は大量生産方式での労働者の見方と大きく異なる。したがって、機械の仕事は機械に任せ、人の能力を機械を監視するだけの時間に使わず、なるべく他の付加価値の大きい仕事に振り分ける。また、こうして監視から解放されると、空いた時間で機械を同時に何台も扱うことができるようになるし、またいろいろな工程の作業もできるようになる。これを「多台持ち」あるいは「多工程持ち」と呼んでいる。こうして自己の能力を高めることができて、これはさらにその本人の喜びにもつながるだろう。

ここでよく使われる言葉で、機械の動きを表す指標として「稼働率」と「可動率」という二つの言葉を紹介しよう。まず、稼働率とは、まさに機械が動いている率で、ある期間内にどれだけ機械を動かしたかを表している。これが高いとよさそうに思えるが、実はそれが作り過ぎのムダを生む、と考える。必要な量だけ作ればよいので、稼働率は低くてもよい、という発想がムダとりには重要なのだ。つぎに可動率だが、これは必要なときに正しく機械が動く率で、これこそ100%であることが望ましい。そのためには機械の保全、つまり人でいえば病気の予防が重要で、機械の洗浄、給油、部品交換などを定期的に行うという日々の努力の積み重ねが、ムダをなくすことに大きく貢献するのだ。

ジャストインタイム

それではもう一つの柱であるジャストインタイムについて見ていこう。豊田喜一郎の唱えた、必要なものを必要なときに必要な量だけ作る、というシンプルな言葉の実現が、生産現場でどれだけ難しいものなのかを以下に説明したい。

まずは「かんばん方式」の誕生の話から始めよう。大野は1950年代のはじめにスーパーマーケット方式というものに出会った。スーパーには様々な種類の品物が置いてあり、客はその中で必要なものを買っていく。店は買われたものだけを補充することでその品揃えを保つ、という商法だ。これがヒントになり、トヨタ自動車において生産管理への応用が始まった。

まず、「必要」とは、誰にとって必要なのか、ということを考えると、これはもちろん客にとってである。客は、良いものを安く早く欲しい、と考えている。生産工程においては、連続する二つの工程を広くとらえて、店と客の関係と考える〈図2〉。例えば図では工程2が店で、工程3が客だが、工程4にとっては工程3が店になっている。そして最も重要なものは一番下流の工程4で、結局ここが必要としている分だけを全体で作ればよい。

スーパーでは客はもちろんお金を店に支払うが、生産現場ではお金の代わりに「かんばん」を使う。かんばんには、必要なものの品番や個数などが書いてあり、前工程へ生産の指示をする。前工程ではその生産に必要なものをさらに前工程にかんばんを出して引き取りに行く。

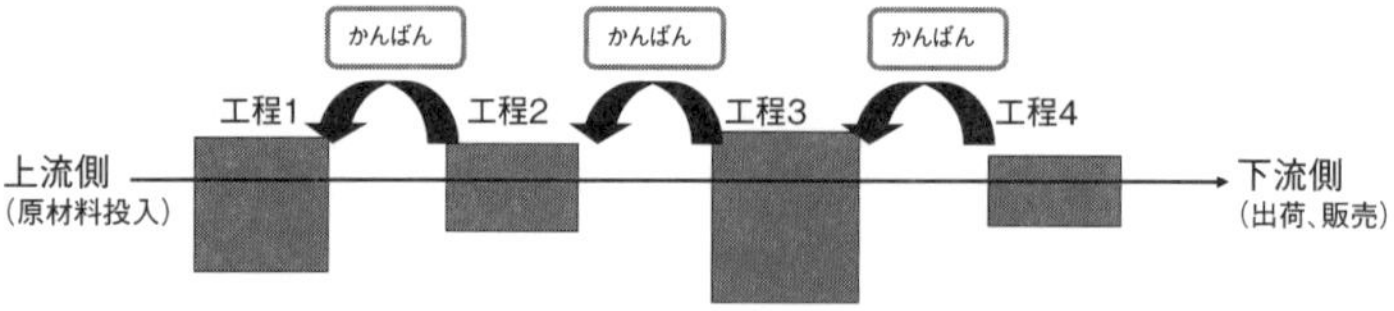

〈図２〉引き取り生産の様子。下流側の後工程から上流側の前工程へと必要なものを引き取りに行く。その際にかんばんを使って指示を出す。かんばんには必要な量しか書いていないため、仕掛り品はできにくい。

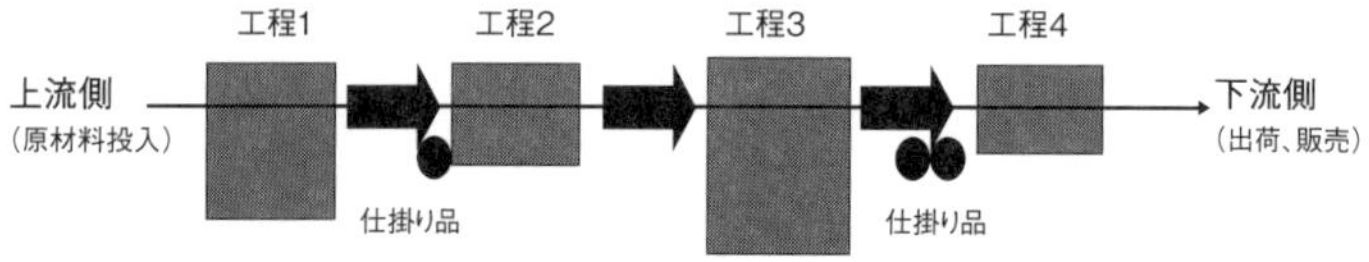

〈図３〉従来の押し込み生産の様子。上流で作ったものをどんどん下流へと流し、最後に出荷する。この方法では、工程のスピードが異なる場合に途中で加工が間に合わずに仕掛り品がたまる可能性が高くなる。

これは、後工程が前工程に注文して、その注文が出来上がったら後工程の人が引き取っていく、という意味で「引き取り生産」といわれる。これは従来とは逆の生産の流れになっていることに注意しよう。これまでの方法は「押し込み生産」といい、前工程ができたら後工程にどんどん渡していく、というものだ〈図３〉。そしてすべての工程に生産の指示を出して、各工程が勝手に担当分を作っていく。

この従来の方法では、各工程が自分の計画表だけに従ってバラバラのスピードで生産していくので、どこかが遅れるとそこに仕掛り品がたくさんできる構造になっている。さらに各工程では、故障や欠品などで計画通りいかない可能性を恐れて、安全のために余計に作り過ぎるという悪循環に陥りやすい。とにかく現在本当に作るべき必要量が現場では把握できず、作り過ぎや在庫のムダが発生しやすくなる。

これとは逆に引き取り生産では、最後の工程だけに指示を出し、そこから上流へとかんばんによって指示を伝えていく。これにより、本当に必要な量だけ作ることができて、仕掛り品や在庫は発生しにくくなる。この最後の工程が全体のペースメーカーになっているのだ。

しかしこれでもまだジャストインタイムにはならない。企業は必要なときに「素早く」客に製品を提供しなければならない。下流側の客から上流へ注文を出しても、それがゆっくりと上流へ伝わっていくようではかえって生産に時間がかかってしまう。原材料から最終製品を作り上げるまでの時間をリードタイムというが、さらにこのリードタイムを短くする必要がある。そうすれば必要なときに作り始めてすぐに提供できるようになり、ジャストインタイムが完成する。

そのためには、まず工程間を「同期」（同じ速さに）させなくてはならない。コンピュータでも各素子の動きを同期させるために、クロック信号を出してこの周波数で計算が処理されていく。工場でこれに相当するものが、「サイクルタイム」といわれているもので、これは製品1個をつくる速さのことだ。例えば、1日8時間の労働で、ある完成品を480個作る必要がある工場では、要するに1分間で1個作ればよい、という計算になる。この1個作るのに必要な時間がサイクルタイムで、すべての工程がこれを意識することで工場全体にリズムが生まれてくる。こうなると七つのムダも少なくなり、ものはよどみなく最終工程へと達するようになってくる。

この流れを工場全体にうまく作ることができたのが、フォード社のライン生産方式だ。大量に早く生産するためにベルトコンベアを使えば、全体を同期させることができる。しかしこの生産方式は作り過ぎてしまう欠点がある。しかも、実は工夫しないとリードタイムは逆に長くなってしまうのだ。それは次の例を考えればわかる。

まず、5個の部品を別々に作ってからそれらをすべて組み上げると一つの完成品ができるとする。そしてその完成品を全部で100個作るとしたとき、どのような生産計画がよいのだろうか。大量生産の方法では、まず5個の部品をそれぞれ100個ずつ作る。その後に一気に部品を組み上げて完成させる。これはまとめ生産といい、100個という生産単位（ロット）をまとめて考えている。この方法では、初めの一つの完成品ができるのは、部品をすべて作り終わった後になるため、まず一つだけ欲しい場合にはリードタイムは極端に長くなる。これに対して、1個作るのに最も早いリードタイムになるのは、まず5個の部品をそれぞれ1個だけ作り、それを組み立てて一つの完成品を作る方法だ。そしてまたこれを繰り返せば、完成品を次々に作っていくことができる。この発想の転換が重要で、リードタイム短縮のためには小ロットにすればよい。その究極は、「1個流し」といわれるものだ。もちろん製品によっては1個流しは難しいかもしれないが、なるべくロットを細かく刻むことでリードタイムを短くできる。

平準化

以上の考察でもまだジャストインタイムには到達しない。それは、下流の工程からのペースに変動があると、このサイクルタイムというリズムが狂ってくるからだ。例えばエアコンのように注文に季節変動があるようなものは、ピーク時は猫の手も借りたいくらい忙しいが、オフ時には仕事はほとんどなくなる。そして設備や人員をピーク時にあわせてつくると、これはまた原価を上げてしまうため、大きな無駄が発生する。また、工場は様々な製品を作っていて、その製品ごとに忙しさのピークが違う。このように実際には多品種で生産量もバラバラ、そして部品点数バラバラのものが混在している。こうした状況でジャストインタイムを実現するには、まず大前提の「平準化」ということが必要になる。これは、「売れ」に合わせて生産量と種類を均《なら》すことで、作業量のムラがなくなる。ムラがあるからムリをする、ムリをするからムダがでる、という言葉があるが、まさにムダとりにおいてはまず始めにムラをなくすことが大切なのだ。

そしてここでも「まとめ生産はしない」ということが重要になる。例えばA、B二つの製品を作るのに、午前中はA、午後はBだけのようにまとめ生産をすると、Bのリードタイムが極端に長くなる。しかも別々に一気に作るため、材料を大量に用意し、その置き場所も必要になるし、仕掛り品も増える。また午前中はB専門に作る作業員は必要ないので、遊ばせておくことになってしまう。したがって、A、Bを小ロットで必要量にあわせて交互に作る方がいいのだ。このように小ロットで多品種をうまく組み合わせ、いつもほぼ一定の仕事量になるように均して作っていくことを「平準化」と呼ぶ。実際には最適な生産の組み合わせをいろいろと探す必要があるため、この平準化は計算機の力を借りる場合が多い。いずれにしろ平準化の計画を立てるところが一番難しいポイントになる。

この小ロット生産をうまくやるためには、機械の段取り替えを速やかに行う必要がある。これは、Aを作る機械とBを作る機械が異なるため、いちいち機械を替えなければならないことを意味している。小ロットにすればこの段取り替えの回数が増える。そのため、取り替え作業にもたもたしているとリードタイムも延びてしまうため、いかに短時間で段取り替えをするかが平準化のポイントになる。この工夫として、前もって準備できることはすべてやっておき、Aを作り終えたら速やかにBの機械に交換できるようにすることだ。このようにAを作っている最中に、その作業と並行してBの準備を同時にすることを「外段取り」と呼んでいる。もし自働化によって人が機械から解放されていれば、この外段取りができるようになる。トヨタ自動車でも、はじめは何時間もかかっていた段取り替えを、数分でできるように練習を繰り返したのだ。このような努力を惜しまずにやることでムダはますますとれていく。F1レースでタイヤ交換を数秒で終わらせているシーンがテレビで流れるが、人間はトレーニングすればこのレベルまで作業時間の短縮が可能になるのだ。

ムダとりの方法

以上がトヨタ生産方式の2本柱の説明だが、これを支える様々なアイディアが他にもあり、その他の無駄をなくすときにすべて参考になるものだ。以下、いくつか紹介しよう。

まず5Sという標語が挙げられる。これは、「整理」「整頓」「清掃」「清潔」「しつけ」を意味している。ここで最後の「しつけ」とは、はじめの四つのSを定着させるための習慣づけのことを表しているが、「習慣」という言葉もSから始まるので、私はしつけの代わりに習慣でもよいのではないかと思っている。とにかく、きちんと5Sが行き届いた職場は、ものを探すなどの動作のムダが少なくなる。

また、清掃に関して興味深い話がある。それは、年に1回だけ大掃除をする場合と、定期的にこまめに掃除するのとでは、少しずつ定期的にした方がコストは下がる、というのだ。これは多くの工場で立証されてきたが、確かに毎日掃除をすれば大きく汚れることはない。したがって清掃時に特殊な装置や薬品も必要なくなり、大掃除を外注に依頼するなどのコストもカットできる。家庭でも年末に大掃除、というのが恒例になっているが、毎日少しずつ掃除している場合、この大掃除というのは特に必要はない。しかし毎日掃除を続ける、というのがふつうは難しいため、やはり最後のSが重要で、何でも習慣にしてしまえば自然にできるようになるのだ。

次に「定時運搬」と「定量運搬」という概念がある。これはものをある場所から別の場所に運ぶ時に、定期的に運ぶか、ある程度そのものがたまってから運ぶか、というものだ。ものを乗客にたとえると、この二つの運搬はバスとタクシーの違いといってもよいだろう。ものが少なくても時刻表どおりで運ぶ場合が定時、ある決まった量がたまってから運ぶのが定量だ。どちらがよい、というものではなく、状況によってどちらがものの停滞の無駄が少なくなるのかは変化する。したがって様々な運搬の業務において、どちらが効率よいのかは両方を実験してその時間を把握しておくのがよい。

また、何かうまくいかないことが起こったときに、「なぜ」を5回繰り返せ、という言葉がある。うまくいかない真の原因の究明はムダとりにおいて大変重要だ。特に不覚型の場合はなかなか無駄の原因究明に時間がかかる。ここで、5回というのは原因が見えてくるまで、という意味で考えるとよい。例えば、

「忙しくて大変」「なぜ？」「締切日がいくつも重なっているから」

「なぜ重なったの？」「前からやらなければならない用事があるのに、さらにいくつか急用が入ってしまったから」

「なぜ急用がそんなに入ってしまったの？」「同時進行しているプロジェクトがたくさんあるため、いろいろハプニングが起こるから」

というように質問を繰り返してゆく。こうすると何を反省すればよいのかが具体的に見えてくる。この場合、各プロジェクトの進捗状況の管理をきちんとやっておくのと同時に、同時進行プロジェクトの数を絞ることも重要だ。

見える化

無駄をなくすためには、それをはっきりとそこで働いている人に見えるようにするのが第一歩だ。

トヨタ生産方式では、それを「見える化」と呼んでいる。例えば工場では生産管理板や出荷管理板を作って大きく掲げる。3メートル程度離れていても誰でも見えるようになるべく大きな字

で書き、しかも色分けをするなどの工夫がなされているのだ。こうして製品が今どれくらい生産されているか、そして現時点での生産は計画より遅れているのか進み過ぎているのかをひと目見て分かるようにする。最近はパソコンで生産計画を管理するところも多いが、モニタの中の小さな表に数字が書かれているだけでは、働く人全員がすぐにそれを見ることができない。パソコンの担当者の頭の中だけに現状の数字があっても駄目で、やはり紙に大きく張り出して全員で進捗状況を共有することが平準化のためにも重要になる。パソコンによる管理のIT化は最近悪者になっている感があるが、その大きな理由がこの見える化と反対の方向性になっているからだ。

他にも、見える化は様々なところに応用されている。例えば職場のレイアウトを工夫して、どこに何があるのか、またあるべきなのかを一目見て分かるようにしたり、次の工程はどこにあって、自分の作ったものがどこにいくのか、という現場の全体の流れを見やすくすることも大切だ。そして改善の進み具合なども掲示して見える化すると、働く人のやる気も向上して改善がますます自主的に進むようになる。家庭でも、調味料の置き場所や、冷蔵庫の中を「見える化」しておけば、「探す」というムダな時間は省けるのである。

また、以前にプロセスを細かく分ける、つまり微分というものが無駄の発見で重要だと述べたが、これはトヨタ生産方式では「分ければワカル、分ければデキル」という簡単な言葉で言い表されている。全体が絡んでいると何も分からないが、分けてみると見えてくる。分けるとは、分割、分類、分離、分解などいろいろな意味がある。そしてこの日常での典型例が整理整頓ともいえる。分けることでどこから着手すべきか分かり、無駄も発見しやすくなって改善ができるようになるのだ。

限量経営

ここで限量経営という考え方にもう一度触れておこう。これは人、もの、金という経営資源が限られた状況でも益を出すために、売上が伸びなくてもなるべく安く作ることで対処していくことを意味している。そして人の限量というのが活人であり、少ない人数でできる部分は人を減らし、作業者の配置を柔軟にすることで原価を下げるのだ。

またものと金の限量にあたるものが段階的設備投資という概念だ。これは一気に大型設備を導入するのはよくないということを言っている。現代はもはや大量生産の時代ではない。需要が将来大きくありそうだから、という理由で一気に高額で高性能な設備を導入するのは大きな無駄になる。後でその装置が必要なくなったときに、その能力を小さくすることが難しいからだ。需要の変化にあわせて設備能力を少しずつ変化させていく方が長い目でみれば有利になる。

よくある行政の無駄で、大きな展示館などを地方に数十億円かけて建設し、ほとんど人が来ないために閉館する、というのを耳にする。これも閉館した後は、建物を解体するにも大きすぎてお金がかかるし、誰も買い取り手が現れなければそのままこのハコモノは負債になるだけだ。

以上がトヨタ生産方式のポイントだが、これを読んで知識を得たからといって、誰でもすぐに改善できるわけではない。スポーツなどと一緒で、理屈が分かっても実際にやるのはまた別なのだ。何事も経験が重要で、山田日登志さん曰く、「知恵＝知識×経験」で、いくら知識を持っていても経験がないと知恵がつかない。そしてこの知恵こそが改善を可能にしてくれるものなのだ。こうしてだんだんと改善が身に付いてくると、もはやトヨタ生産方式を飛び越えてその会社独自の生産方式が確立されていく。

トヨタ生産方式に飛びついて改善を進めたが、その導入に失敗した企業については枚挙にいとまがない。成否の鍵を握るのは、何といっても経営トップの改善にかける意気込みとリーダーシップ、そして同時に現場の作業者が自ら考えて効率を上げようという姿勢である。いずれも人の意識を変えることが本質で、機械的な方法論のみで改善ができるわけではない。

他分野への導入例

それでは次に、このトヨタ生産方式の様々な分野への応用例を紹介しよう。

まずは回転寿司チェーン店の「くら寿司」の例だ。私自身も関西に住んでいた頃によく食べに行ったが、この店は好きなネタがすぐに流れてくることで評判になっている。その秘密は、必要なときに必要な量だけ作るというジャストインタイムを徹底しているからだ。乾いた寿司が長い時間回っていて、それを廃棄することを繰り返しているようでは益は見込めない。そこでまず、来店する客層、滞在時間と食べるネタのデータを蓄積した。そして子供が多ければ「ハンバーグ巻き」を流すなど、客の必要なものを必要な量だけ投入する、という方式を取り入れ、生産管理を行ったのだ。さらにタッチパネルを席にとりつけ、食べたい物をすぐに注文できるシステムも構築した。こうした努力で廃棄率を7%以下に下げ、コスト減を実現し店舗数も大きく増やすことができた。これはまさに売れ残り在庫の削減である。その他にも、食べ終えた皿は店員が運ぶのではなく、客が自分でベルトの下の水路に流す方法を採用している。従業員から運ぶムダをとり、さらに客は5枚皿を流すごとに抽選があるので、皿流しを楽しむことができる。私の家にもこの時にもらったキーホルダーなどの景品がずらりと並んでいる。

次に選挙の開票への応用の話をしよう。公職選挙法には、「速やかに結果を選挙人に知らせる」という規定があるが、どうしても自治体によって速さの差が出てしまうのが現状だ。２００６年12月、茨城県取手市の県議選において、その開票時間は42分だったが、これは前回より所要時間が33分も短くなっていた。しかも作業にあたった職員数は23人も少なく、票数は逆に約３０００票も多かったのだ。実はこの秘密がまさにトヨタ生産方式の導入にあった。

このときの開票を指導したのがキヤノンの加藤平吉さんだ。加藤さんは、キヤノンで副工場長時代にトヨタ生産方式を取り入れ、工場の生産効率を飛躍的に高めることに成功したムダとりの達人である。これに目をつけた茨城県の選挙管理委員会が、加藤さんに開票時間の短縮の依頼をしたのだ。トヨタ生産方式で培ったリードタイム短縮のムダとり方法を選挙開票に適用し、票の仕分けから点検までの作業を生産ラインに見立てて改善を行った。開票作業には様々な動作の無駄や運搬の無駄があった。たとえばスリッパで動き回っていた職員の履物を運動靴に替えることで機敏に動けるようにしたり、作業台を小さくして「間締め」をしたり、その高さを10センチ高くして腰の負担を減らすなど、作業しやすい環境を整えた。そしてこれが職員の意識も変えることになり、前例を踏襲するだけになりがちな役所の体質自体を改善できたことが、この成功の鍵だったのだ。

最後に郵便事業へと展開した話をしよう。２００３年４月の郵政公社化の際に、郵便配達業務の効率を上げようとしてトヨタ生産方式が導入された。これはジャパン・ポスト・システムといわれ、郵便物の仕分けや配送などにおけるムダをとり、平準化を推し進めたのだ。

その成果だが、モデルになった埼玉県の越谷郵便局をはじめとして約１０００局にこの方式が導入され、２００３年に比べて２００５年度の総労働時間が郵政公社によれば18％も削減されたそうだ。そしてその導入効果は初年度で１００億円に上ったといわれている。

しかし２００６年10月29日付け朝日新聞の１面に、郵政公社はこの導入によって混乱している、という記事が掲載された。管理職はうまく言っているように取り繕っているが、実は現場は混乱し、疲弊しているという内容だった。郵便物の仕分け作業はより厳しい要求になり、作業員は腰痛が悪化する人も出てきた。そしてテイラーの方法にならってストップウオッチで諸作業時間を計測したが、タイムがなかなか向上しなかった。越谷郵便局でも年賀状などの遅配の苦情が相次ぎ、結局のところ郵便利用者へのサービス低下と職員の過重労働や残業の増大をもたらしたのだ。そして人件費削減のため、「ゆうメイト」といわれる非正規雇用の職員を逆に増やしている。こうした実態から、労働組合のこの生産方式に対する反発も強く、もはやこれ以上の無理な導入は難しいだろう。働く人のムダとりのモチベーションが低下している大組織においては、皆の気持ちをうまくトップが束ねることができなければこの生産方式は機能しない。今まさにジャパン・ポスト・システムは大きな見直しを迫られている。

以上、トヨタ生産方式は製造業だけでなく、他の業種や日常生活にまで置き換えて考えることができるが、その導入は単なるファッション感覚ではダメなのだ。働く人やトップが危機感を持って無駄をとる覚悟が必要で、その成功のためには人の意識や心の変革こそが何よりも重要だ。郵政事業の例から、大きな組織の無駄をとるのはいかに難しいことかがわかる。個人の場合にも、もちろん当人の覚悟がないと無駄はとれない。

次章では、私が実際の工場改善現場に立ち会ったときの、ムダとりの真剣勝負の様子を伝えたいと思う。これらは決して座学では得られない貴重な体験ばかりだ。私はこの体験を通じて、いくら本を読んで理論武装しても、改善は決してできるようにはならないことを悟った。トヨタでも現場主義を大事にしており、全体を見渡して最適な改善ができるようになるためには、現場で様々な苦労をして経験を重ね、モチベーションを高め、そして自分なりの直観力を磨いていかないといけないのだ。

第4章　「ムダとり」最前線

大声を出す意味

「今日こそオレは、やるぞー！」
「やるぞー！　やるぞー！　やるぞー！」
「やってみてから考えろー！」

叫び声が部屋中に共鳴し、全員の気持ちがひとつになる。社長も新入社員も区別はない。立ったまま こぶしを下から上に振り上げ、声が嗄れるくらいただひたすら叫び続ける。

この「やるぞコール」が山田日登志さん率いるＰＥＣ産業教育センターの改善の第一歩だ。トヨタ生産方式は皆の意識改革が伴わなければ成功しない。それまでの固定観念を取り去るというのは容易ではないが、それをしなければ変わらないし、改善は進まないのだ。

改善とは、背もたれのついたイスに座っていくら会議をしていてもできるものではない。会議をやるたびに新しい案は消され、効果の低い妥協案でまとまってしまうのが常だ。最後の叫び声にある、「やってみてから考えろ」というのはとても重要なことで、だからこそ叫ぶのだ。

人はどのようなときに変われるのだろうか。それにはまず思い切って普段と違う行動をしてみるのが良い。特に大声を出すというのは手軽でお勧めだ。大人になると声を張り上げる機会がほとんどなくなるが、これを皆で一緒にやることで大きな自己変革の効果がある。

ちなみに私は合唱団に属しているが、歌を皆で合わせて歌うときの爽快感と高揚感は何物にも代えられない。また、何度も繰り返し練習していると、お互いの連帯感も強くなり、困難な目標に対して皆で力をあわせて頑張ろう、という気持ちになってくる。さらに日常生活でいやなことがあっても、思いっきり声を出して練習しているうちにストレスもどこかに飛んでいってしまう。

叫ばなくてもできるのではないか、という質問を山田さんはよく受けるそうだ。確かに初めて山田さんの改善指導に参加した人は、この大声を聞いて、まるで新興宗教のようだと驚いてしまう。しかし、我々は重い物を持ち上げる時に「ヨイショ」と掛声をかける。やるぞコールはまさにこの掛声で、これから改善をやるぞ、という士気と現場での連帯感を高めるためのものなのだ。また、よく声が出ている人は、だんだんと動きもキビキビしてくる。これは現場での動作の無駄をとることにもつながるのだ。

それでは以下に実際のムダとり現場に皆さんをお連れしよう。すべて私自身が体験したもので、無駄との真剣勝負の厳しさと面白さを感じ取っていただければと思う。

無駄を憎んで人を憎まず

日本の街の特徴を外国人に聞くと、自動販売機が道端に置いてあること、と答える人が多い。確かにヨーロッパなどに行くと、自販機はほとんど見かけないので、何か飲み物を買おうとしても意外と苦労する。日本に生活しているとこの便利さに慣れてしまっているが、このありがたい自販機を製造しているトップ企業が富士電機リテイルシステムズだ。

埼玉県鴻巣《こうのす》市にある埼玉工場では、我々が日常よく使うカップのコーヒー、タバコなどの自販機や、ファミリーレストランのドリンクバーでお馴染みの清涼飲料ディスペンサーなどを製造している。この工場の従業員数は605名で、青い服に身を包んだ作業員が様々な種類の自販機をこの工場で生産し、世に送り出している。

2007年5月末、私はこの工場でお昼過ぎから始まったPECの改善活動に参加させてもらった。会議室に関係者が多数集合し、まずは工場の概要説明があって、その後に山田さんのあいさつの番になった。まずそこで驚いたのは、壇上に小走りで向かっていった山田さんの姿である。威風堂々とした歩き方を想像していたため、あっけにとられてしまった。しかしすぐに気がついた。ムダとり歴30年以上の大先生なので、きっとあいさつ開始までのリードタイムを短くしているのではないか。このちょっとしたことですら私には大きく見習うべきことであった。改善では、無意識の中に潜んでいる無駄までとらなくてはならない。人間は年を経るほどだんだん環境に慣れてしまい、疑問を持たなくなってしまう。そこで皆があたりまえに思っていることをいちいち疑ってみる。私は自分の研究では、いつもこのような態度で取り組んできたのだが、日常すべてにおいてこのような視点を持つ重要さに気付かされた瞬間だった。

さて山田さんのあいさつの中に、重要なのは「現場・人・数字」の三つであるという話があった。簡潔で、それでいて言葉が体に沁みこんでくるような話し方だ。改善は何よりも現場が大事で、会議ばかりやっていては意味がない。社長といえども報告書を見るだけでなく、現場に立って実際の様子を見るべきなのだ。現場の雰囲気を自らの五感を使って感じ取ることで、見えないものが見えてくる。そして現場には様々なタイプの人が働いている。こうした一人一人の個性も見極め、組織に改善魂を根付かせるのだ。最後の数字とは売上のことではなく、いま作るべき必要量やサイクルタイムといった、ムダのない生産のために必要な数字で、これを作業者が把握しているかどうかで全体の流れとリズムが決まってくる。

このあいさつの後、私は山田さんの一挙手一投足からなるべく多くのことを学ぶべく、ヘルメットをかぶりピタリとくっついて工場を回った。

この工場の工程は大きく分けると三つあった。まず板金を規定のサイズに切りだしたり曲げたりする板金工程、そしてそれを塗装する工程、最後にこの板金フレーム内に様々な装置を取り付けて自販機のユニットを組み立てる工程、となっている。

山田さんはとにかく現場を見て、即答する。このように改善をすれば良いのではないか、と即座に提案する。頭は常にフル回転しており、我々が見えないものまで見えている。「西成先生、ほら、あの人は今何もしていないでしょう」と私にそっと教えてくれたときに、私自身、現場を見ているようでまったく見ていないことに気づいた。目の前に手待ちのムダがあったのに私は見逃していた。現場の担当者も、自分は良かれと思ってやっているわけで、当然意見の衝突もある。「これはこういう理由です」と食い下がる相手に対して、山田さんは真剣勝負を挑む。そして強い語気の中にも時折り笑顔が覗く。決して個人を責めているわけではなく、単にムダを憎んでいるだけなのだ。私が見ても、人を憎んでいる目には見えない。現場の人やものを通して、その奥にある理想の姿をはっきりと見据えて話をしているのが分かる。表面的なつきあいの多い現代社会で、魂をこめた人間どうしのやりとりというものをじっくり味わうことができた。

それではこの工場でのムダとり事例を一つ紹介しよう。

まず、自販機の外枠は二つの部分（A、Bとする）を組み合わせて作る。板金工程においては、改善前はこのAとBを別々にまとめて作っていた。例えば午前中4時間でAを105個、午後4時間でBを105個、という生産計画だったが、この場合、AとBの最初のセットができあがるのは早くて4時間かかることになる。しかもできたAの仕掛り品105個を置くスペースも確保しなくてはならない〈図1〉。

これを次のように変更した。まず1時間でそれぞれ13個ずつ作れば、8時間でそれぞれ104個になり、これまでとほぼ同じ生産量になる。そこで、AもBも生産時間を8時間に平準化して、同時並行で1時間に13個ずつのペースで生産するようにした。こうしてたった1時間でAとBの最初のセットができあがることになる。しかも仕掛り品を置くスペースは、改善後は1時間分の

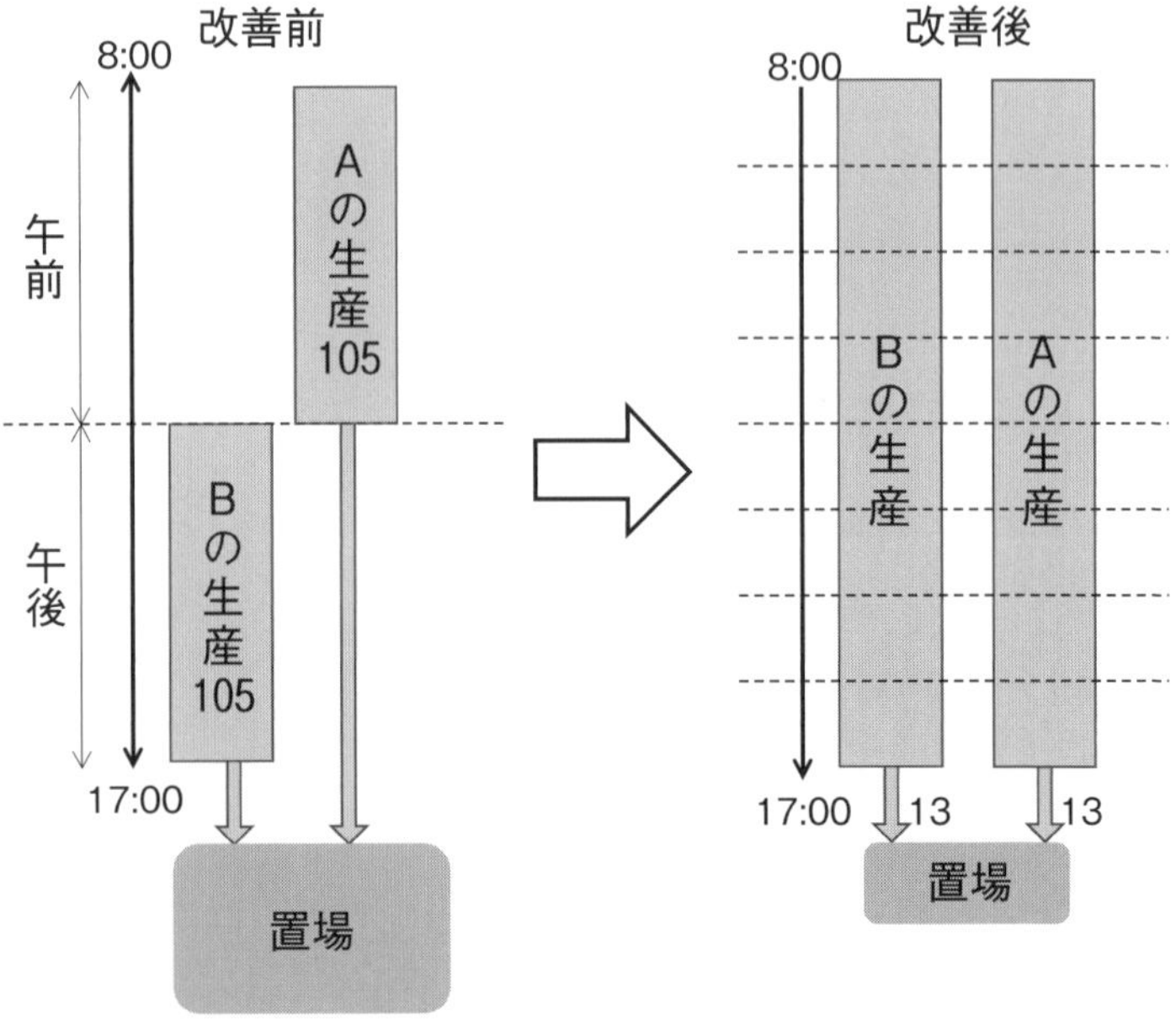

〈図１〉板金工程の改善例。二つのものをまとめ生産するのではなく、小ロットで平準化生産することでリードタイムを短縮した。さらに大幅な活スペースも可能になった。

13セットが置ける程度の大きさだけで済む。このスペース節約だけで年間74万円ものコストが削減できたのだ。

　さらに驚くのは、このような改善を午後から始めて夕方には終わらせてしまうのだ。逆にこのスピード感がないと改善はうまくいかない。現場の人がポカンと口をあけているうちに、山田さんは台車を移動したり、テープで床に線を引いたりして一気に目の前でやってみせる。そしてあとの詳細は現場の人に考えさせ、自分で続きをやらせる。こうして人を育てることも忘れてはいない。

結局この半日だけで年間総額１５００万円のコスト削減ができた。山田さんが工場を走り抜けると、みるみるうちにムダがとれていくのを実感する。職場の雰囲気が一気に変わり、全体の流れが見えてくる。仕掛り品が減っていく様子は、まるでモーゼがエジプトの海を二つに割って渡るかのような光景だ。目の前の仕掛り品の海が山田さんの前からみるみるうちに消えていく光景は圧巻だった。

ムダとりアカデミー発足

さて、山田さんの改善活動に何度か参加させていただいているうちに、一緒にこのムダとりを科学してみよう、ということになった。直観の世界と科学の世界の融合はこれからのとても重要なテーマだと考えていた私にとって、まさに渡りに船のプロジェクトだった。

これは「ムダとりアカデミー」と名付けられ、一つの企業に月に1回程度訪問し、5カ月かけて集中的にその企業の改善活動を行うことにした。アカデミーといってもイスに座っての講義ではない。全員が安全帽をかぶり、現場となる工場で直接自らのアイディアで改善を実行し、試行錯誤を繰り返していくのだ。毎回のメンバーは約20名で、様々な企業の生産管理担当者やＰＥＣの関係者、そして私が参加し、受け入れ企業側は社長自ら指揮をとって社内をまとめ、この改善活動に協力していただいている。修了時には参加者は論文を提出し、最後に修了証をもらう。アカデミーが発足して現在までに既に2社の改善をし、今年の秋からは3社目のムダとりアカデミーが始まろうとしている。
以下、記念すべき第1回目のアカデミーの様子を紹介したい。

いざ山形へ

ある雪の日、私は山形県の天童駅に降り立った。ここは、将棋の駒の産地として有名な町で、毎年桜の時期には人間将棋が行われる。これは鎧甲《よろいかぶと》に身を包んだ武士たちが将棋の駒に扮し、それをプロ棋士が動かしながら対局をするものだ。私は大学院を卒業した後、山形県の米沢市に4年間住んでいたが、天童市には休日よく遊びに行った。実は小学生のときに将棋に熱中していた時期があり、将棋好きにとって天童市は聖地のような所なのだ。そして小さいころに将棋の駒を持つ練習をしすぎたせいだろうか、今でも私の右手の人差し指は駒が持ちやすいように少し外側に湾曲している。

この地に10年以上経ってから訪れるとは夢にも思わなかった。それも今回は将棋観光ではなく、無駄との真剣勝負に来たのだ。

株式会社山本製作所は精米機などの農業機械のトップメーカーの一つで、創業90年の伝統を誇る。道路沿いによく見かけるコイン精米機もこの会社で小屋ごと作っている。実際に私は山形に住んでいた当時、この会社の「こめ太郎」という赤い看板が目印のコイン精米機を何度も使ったことがある。そして今、その機械を作っている会社を訪問することになるとは不思議な縁としか言いようがない。

我々を迎えてくれたのは、若くてとても元気な山本丈実《たけみ》社長だ。そして社長の山形弁のアクセントが私にはとても懐かしかった。すっかり故郷に帰ってきたような気持になって、リラックスすることができた。メンバー全員が会議室に集合し、そこでまず昼食のお弁当を一緒に食べたが、いきなりこの会社の高い技術力に私は驚いてしまった。それはこの会社で作られたご飯が実に美味しかったのだ。独自の発芽・精米技術によって作られた白い発芽玄米は、生活習慣病の予防になるアミノ酸の一種ギャバを白米の10倍以上も多く含むので、食べるだけで元気になるような気がしてきた。おかげでメンバー全員が午後の改善活動に向けて気合い十分になった。

山本製作所は近年、資材価格の高騰に悩まされていた。そのため山本社長は、生産工程での改善でこの分を吸収しようと考え、山田さんのアカデミー構想に協力したのだ。

この工場での工程は、大きく三つに分かれている。まず材料を加工する工程、そしてそれを塗装する工程、最後に組み立てる工程を経て出荷する、という流れになっている。そして、作られている製品は乾燥機や精米機、そして稲を切断するカッターなど様々なものがあり、またその受注も季節変動が大きい。最大の受注に耐えられるように機械や人員をフルに配置しておくと、閑散期には無駄が多くなってしまう。そこで山田さんが今回の初回アカデミーの改善のテーマに選んだのは、トヨタ生産方式の中でも最も難しい平準化だった。

線と点の改善

平準化はトヨタ生産方式の中で私が最も興味あるテーマなので、このアカデミーで山田さんのどんなアイディアが飛び出すのかとても楽しみだった。

経営コンサルティング会社によっては、コンピュータと数学を駆使して平準化の方法を計算しているところがあるが、山田さんは大掛かりな計算はせず、簡単なデータと現場を見て、あとは持ち前の直観力によって、その現場によく合った改善方法を瞬時に見出す。決して予習をしているわけではなく、その場で見て聞いてすぐに答えるのだ。

この計算機をも上回る力は、計算機には見えない作業員の個性などのヒューマンファクターを絶妙に取り入れているからではないだろうか。ある会社幹部は私にこうもらした。

「以前、別の会社に改善を頼んだことがありますが、資料を分析して分厚くて難解なレポートを書いてきただけで、現場を具体的にどう動かすのかがまったく分かりませんでした」

改善とは人の意識改革が大前提だと述べてきたが、一方的に理想と理屈ばかり言っていてもダメなのだ。相手は生身の人間で、機械や自然現象を相手にしているわけではない。このあたりが自然科学とは異なるところで、これは優秀な人ほど誤解しやすい。そこでうまく科学と直観が融合できないか、というのが私のこのアカデミーでのもう一つのテーマとなった。

「着眼大局、着手小局」という言葉が囲碁や将棋の世界にある。盤面全体に心を配ったうえで目の前の戦いに細心の注意を払う、という意味だ。改善もこれと同じで、まず全体を見渡し、どこが流れを悪くするボトルネックになっているかを見極める。それを意識しながら、そのネック工程の改善とその他の細かい改善を並行してやっていく。全体の流れの改善は「線の改善」、各工程の小さな改善は「点の改善」といわれるが、理想は線の改善にあって、それを意識しながら点の改善をうまく積み上げていくのだ。

この工場においてボトルネックになっている場所はすぐに見つけることができた。それは塗装工程で、この工程の前に仕掛り品がたくさんたまっていた。この仕掛り品をいったいどうやって減らしていくのだろうか、と私ははたと考え込んでしまったが、山田さんはすぐに気がついたらしく、メンバーに指示を出した。

「塗装は5台分ずつやるように」

この一言の意味が私にはすぐに分からなかった。しかしその言葉の重みは後からだんだんと分かってきた。この5という数字が山田マジックで、それを直観力によって瞬時に算出したのだ。

5の謎

それではこの5という数字の意味を説明しよう。結果が分かっていれば解説するのはやさしい。それでも以下に述べる話は後付けの論理で、実際に山田さんがどうやってひらめいたのかは私には分からない。

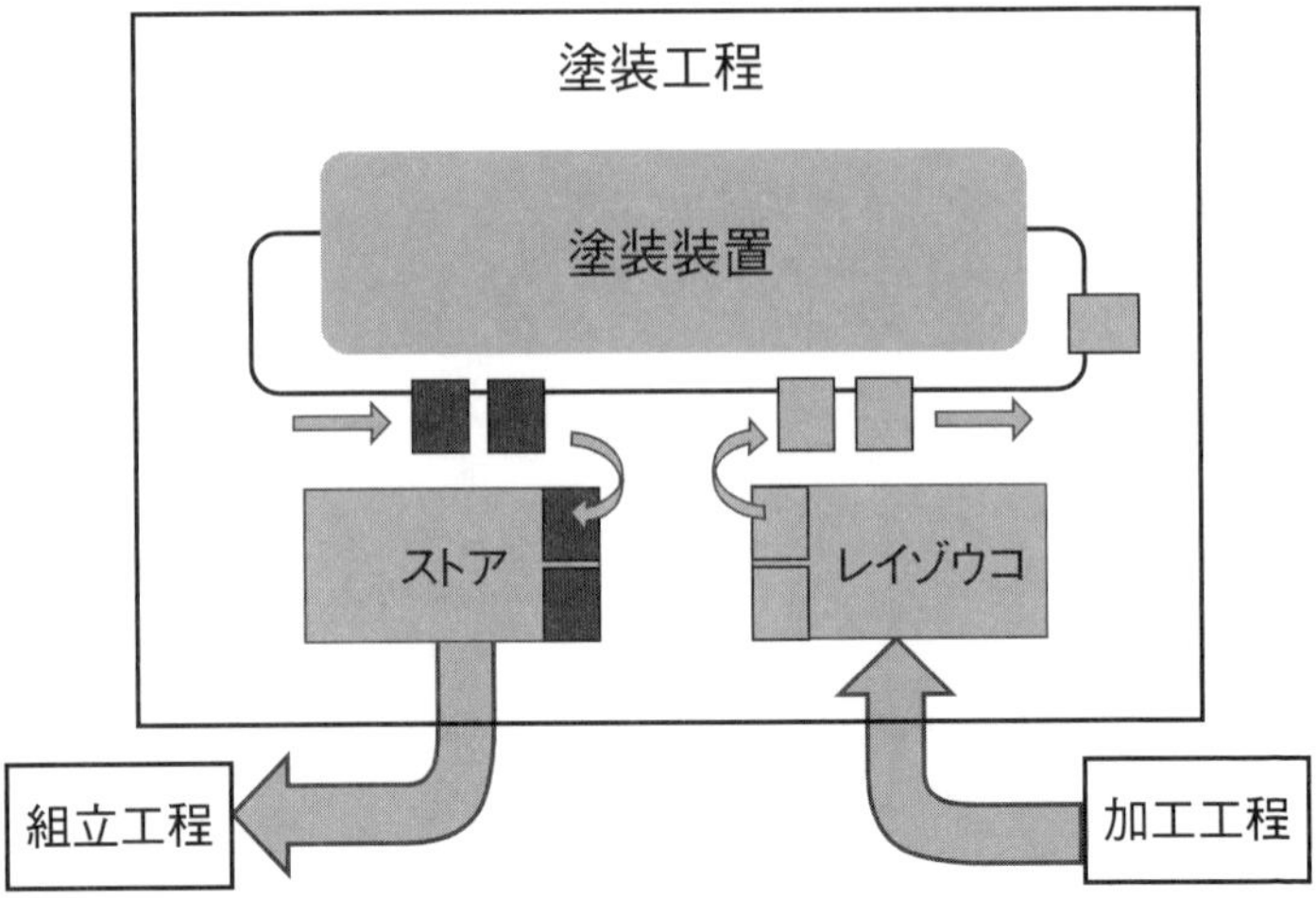

〈図２〉ボトルネックとなる塗装工程。加工工程から来た板をここで塗装し、組立工程に流す。塗装工程でこれから使う分を置く場所をレイゾウコといい、その工程でできた物を置く場所をストアと呼んで区別する。

まず、板を塗装する工程の様子を〈図2〉に描いた。

塗装工程では、上流の加工工程から来た金属板を塗装し、それが終われば下流の組立工程へと流す。まず、未塗装の金属板を置く場所のことを、「レイゾウコ」と呼ぶ。そして塗装済みの板を置く場所は「ストア」と呼び、この二つをきちんと区別する。これは仕掛り品を減らす「見える化」の工夫で、山田さんが開発した大変効果のある方法の一つだ。

その運用方法だが、レイゾウコもストアもあらかじめ設定した数のみしか置けない、とする。そしてストアにあるものを組立工程の人が引き取り、場所に空きができたら塗装工程を進めることができる。その際、自分のレイゾウコにあるものを投入するが、もし材料がなくなってきたら、足りない分を加工工程から自分のレイゾウコに運んでくる。このような決まりにすることで引き取り生産が実現し、各工程での仕掛り品の数を大幅に抑制できる。もしもストアとレイゾウコの区別なく、工程内にごちゃごちゃとものが置いてある場合、仕掛り品の数を目で見てすぐに把握できず、どんどん作り過ぎてしまう体質になってしまうのだ。

さて、塗装工程ではまずレイゾウコ内の板をハンガーにかけて吊り下げ、塗装装置内へと流していく。これはまるでスキー場にあるリフトのようになっている装置だが、板はぐるりと中を通って塗装され、そして乾燥された後に装置から出てきてハンガーから外され、ストアに置かれる。塗装は同じ色ばかりではないので、その色を変えなくてはならない。1台の製品を作るのに2色の塗装が必要である。しかしこれには装置内を洗浄するなどの段取り替えが必要で、そのための時間が現在は40分程度かかってしまう。したがって、ふつうは一度に同じ色をできるだけ多く塗装した方が効率が良い、と考えてしまう。しかしこれが無駄を発生させる大きな罠なのだ。

それまでこの工場では、製品40台分もの量を加工工程からまとめて1日で塗装工程に流していた。したがって塗装工程のレイゾウコは未塗装の板であふれかえっていたのだ。そして塗装工程では、同じ色のものをまとめて仕上げることで段取り替えの回数を減らしていた。さらに塗装の終わったものはどんどんストアに置くため、ここにも膨大な量の仕掛り品がたまっていた。

そこでまず山田さんは、1日で作る製品数はその半分の20台でよい、と決め、1日の労働は8時間なので、2時間で製品5台分ずつ流すという小ロット化を指示したのだ。そしてストアとレイゾウコには最大で1日分の生産台数しか置けないように制限した。こうして置き場の面積を削

	A	B	C	D
年間	2880	960	720	240
月産	240	80	60	20
週	60	20	15	5

〈図3〉工場での年間生産計画。AからDまでの四つの製品を作るとし、その年間の生産計画台数が記入されている。それを1カ月、さらに1週間あたりでならした数も記入した。

ることで、ここだけで280㎡もの活スペースをなしとげた。さらにこれまで工程間の板の運搬にフォークリフトを使っていたが、ロットが5台と小さくなったため、手押し台車で運べるようになった。こうしてフォークリフトも不要になり、ここでも経費節減になったのだ。

ここまでの改善はまだ点の改善にすぎず、この1日20台で、2時間5台という単位が本当に線の改善につながっているのかはまだ分からない。そこで年間の全体の生産計画を考えてみよう。ただし、以下では話を簡単にするため、実際の正確な数字を用いるのではなく、20や5という数字を導く本質部分だけの説明をする。

〈図3〉にはこの工場で作る製品の種類とその生産計画台数が書いてある。いまAからDまでの四つの製品のみを考え、Aが一番多く、年間で2880台を生産するとする。これを単純に12で割れば、月の平均生産数になり、さらに4で割れば週の平均生産数になる。B、C、Dについても同様である。これによれば、各製品の1週間で作るべき台数はAからDまで順番に60

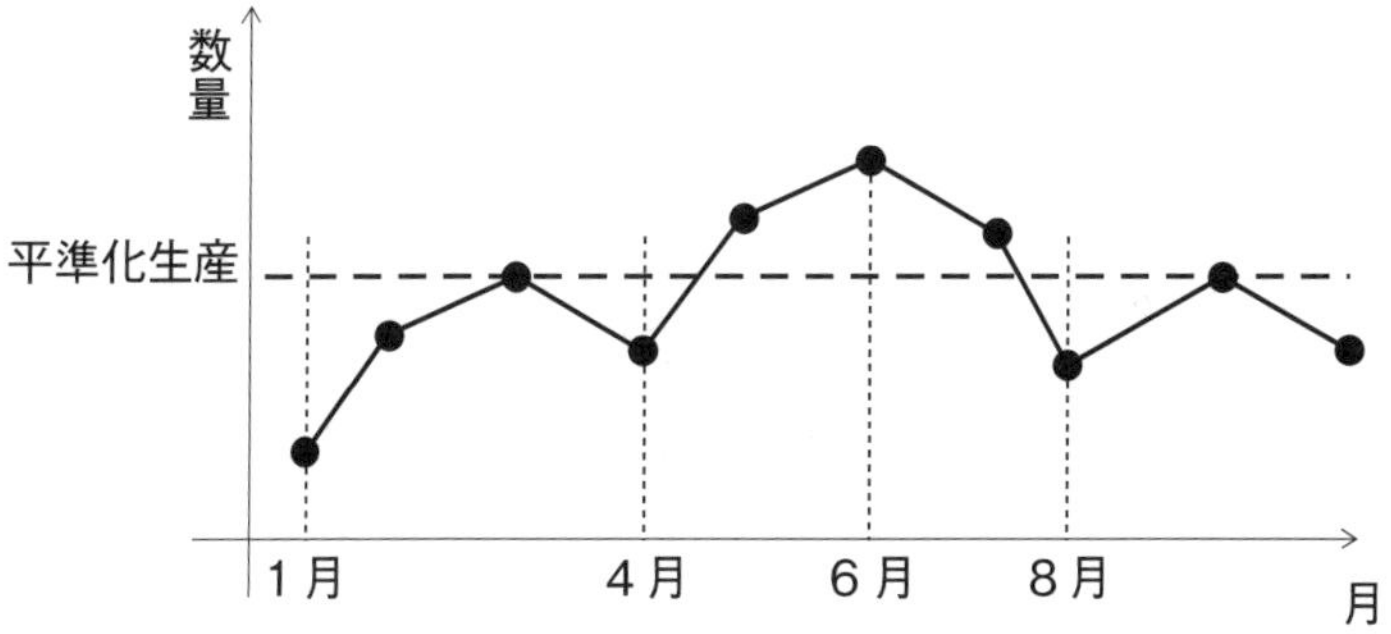

〈図4〉年間を通しての受注のブレ。1月、4月、8月は注文が少ないが、6月は多く注文が来る。

台、20台、15台、5台となっている。

そしてこの合計は100台で、それを月曜日から金曜日までの5日で割って1日分は20台、という数字が出てくる。確かに1日40台では作り過ぎているのだ。したがってこれを1日の労働時間の8時間で割れば、2時間で5台になる。あとは、AからDまでを1日合計が20台になるように1週間のスケジュールに適当に配分すればよい。以上より、どの曜日のどの時間でも、2時間ごとにする仕事量はすべて5台分、という同じ仕事量になる。

しかもこの数字のペースで作ると、うまく受注のブレも吸収できていることが分かった。

〈図4〉において、折れ線が受注の変動予測を表しており、製品AからDまですべて同じような変動をしているとする。これによれば、1月は最も注文が少なく、6月が最も多い注文数になっている。そこでふつうは機械や作業員をこの6月の受注に耐えられるようにそろえよう、と考えてしまうが、平準化をすればこれが不要になる。〈図4〉の点線のように、いつも一定量を作るのが平準化生産だが、1日

20台のペースでは、1月から4月までは受注より多く作ることになる。そのため、このときにできる在庫をうまく利用すれば5、6、7月の注文の多い時期に生産量が下回っても対応できるのだ。しかも20台で作っていれば、このときに在庫切れを起こさないことも分かった。

また小ロット化したことでリードタイムも劇的に改善された。これまでは最大14日かかっていたが、製品を5個単位で少しずつ流すことにより、最短で加工1日、塗装1日、組立1日の3日で作り上げることが可能になる。

ただし、ボトルネックの塗装工程では、どうしても段取り替えに時間がかかるため、現状では5台でなく10台ずつ流すことにした。将来は段取り替えの時間を短縮し、この5台流しを塗装でも実現できれば、究極のリードタイムはたったの10時間になる計算だ。

以上、この20や5という数字の奇跡を感じていただけただろうか。このように単位を適切に設定して、それを見える化で管理することで、工場全体が同期しやすくなり、生産が平準化される。こうして山本製作所ではアカデミーの5カ月間で、リードタイムが約半分の時間に短縮し、そして仕掛り品数も半減、活スペースも１３００㎡になり、派遣で雇っていた人員もゼロにすることができた。

このように改善がうまくいった背景には、言うまでもなく山本製作所の従業員の高い士気があったのだ。社長や生産本部長らが自ら現場に出向いて指示し、社員もそれに応え、全員が全力で改善に取り組んだ。山田さんは人の心を捉えるのが実にうまい。作業員のところに近寄って、真顔と笑顔を交えて指導する。はじめは反抗していても、そのうち皆が自ら進んで改善の努力をするようになる。職場の雰囲気がこうなれば、できないことなど何もない。

改善最終日に、山本製作所の皆さんと慰労会をした。そこで従業員の方が、「この5カ月の改善はあくまでもスタートです」「これからどう進化するか、ぜひまた見に来て下さい」と私に語りかけてくれたときの笑顔は今でも忘れられない。

中国のムダとり事情

さて、最後は気になる中国の現状について述べてみたい。経済成長率が10％を超える国で、国内では景気過熱が続き、消費も活発で世界中の国がこの大きな市場に注目している。いわば現代の資本主義社会を支えている一つの重要な国なのだが、もちろん中国自体は資本主義国家ではない。政治は社会主義、経済は資本主義といわれ、複雑なシステムになっている。平等であるはずの社会主義国家において、都市部では年収1億円以上稼ぐ人がいる一方、貧しい農村部には年収1万円以下という人もいて、貧富の差が拡大してきている。

もっとも日本やヨーロッパも、市場経済でありながら、格差是正の補助金支給や環境汚染のための厳しい規制を国家が行うなど、もはや多くの国が混合経済体制になっているといえる。

さて、日本の製造業はこれまで20年以上にわたって中国に工場移転し、安い労働力を利用して原価を下げることを行ってきた。しかし最近はこの動きもだいぶ落ち着き、逆に撤退する企業も多く出てきた。その大きな理由の一つが中国人の人件費の高騰だ。少し前は工場の労働者の賃金は月に500元程度（約8000円）だったが、今では1000元程度とほぼ倍になっている地域もある。

さらに2008年1月から施行された新しい労働契約法の影響も大きい。中国政府は労働者保護の姿勢を強く打ち出し、退職金の支払い義務化や、安い派遣社員契約の制限などを法律に盛り込んだ。そのため、この法律だけで1割以上の人件費負担増になるといわれている。

このような状況において、日系企業の今の様子を実際に見たいと思い、PECのメンバーとともに中国の大連市の工場見学をすることにした。やはり現場から学ぶのが一番よい。

大連市は、遼東半島先端部に位置し、日本の仙台市とほぼ同じ緯度である。大連市の旅順港近くに二〇三高地があり、日露戦争の激戦地になったところだ。この戦争の様子は司馬遼太郎著の有名な歴史小説『坂の上の雲』で読んだ人も多いだろう。

我々は7月の半ば、北京オリンピック前で警備に緊張が高まる中、大連空港に降り立った。そこでまず驚いたのは空港の暗さだ。天井には必要最小限の照明のみが点灯していて、ほとんどの蛍光灯は消えていた。少し離れるとお互いの顔もよく見えないぐらいの暗さだったが、看板などはよく見えるようになっていた。聞いたところによると、電力の供給事情が良くないらしく、鉄道ですら電力不足で突然に運休になるそうだ。しばらくしてこの暗さに慣れてくると、自分の中のムダとりの血が騒ぎ、逆に日本は電力の過剰供給で無駄をしているのではないかと思えてきた。日本では公共施設などで、必要のない明かりがついているのをよく見かける。ビジネスとしては照明を明るくする、というのが集客の鉄則のようになっているが、そろそろこれも見直す時期にきているのではないだろうか。

さて、中国には1984年以降、経済技術開発区という区画がいくつかの都市に誕生している。これは政府の支援で外国の企業を受け入れ、外資と技術を国内に取り入れることを目的としたものだ。大連市にもこの区画が市の郊外にあり、日本企業では三洋電機、キヤノン、マブチモーター、三島食品などが進出し、在留の日本人も4000人を超えている。またこの地域はIT産業にも力を入れており、中国のIT企業の開発拠点になっているだけでなく、デルやIBMなどのソフトウエアや情報関係の世界的企業も数多く進出している。バスの車窓から見えた風景は、さながらアメリカのシリコンバレーにいるような錯覚に陥ったほどだ。

はじめに向かったのは、先に書いた富士電機の大連工場で、ここではブレーカーや制御盤といった電気の受配機器などを製造販売している。1994年に大連に進出し、当初はその製品を100%日本へ輸出していたが、現在では日本向けは7割程度で、残りは香港や中国国内へと流れている。こう話をしてくれたのが富士電機大連の黒川総経理だ。総経理とは、日本の企業で社長に相当する最高責任者のことだが、この話からも市場としての中国が近年成長してきたことが分かるだろう。

次に工場内を順番に見て回ったが、第一印象は日本の工場のレイアウトとあまり変わらない、というものだった。職場はきちんと整理され、5Sが行き届いている印象を受けた。従業員数は約600名で、数名の日本人スタッフが事務所で働いていただけで、工場の現場では若い中国人女性が多かった。我々が通りかかると、笑顔であいさつをしてくれた。

工程の最後の場所に、品質保証部があったのが興味深かった。これは出荷前にもう一度抜き打ちで品質検査をして不良品を減らす作戦だ。最近導入したもので、おかげで製品に対するクレームが大幅に減り、不良品率も日本の工場に近いレベルにまで達したそうだ。

ただ、全般的に見て、仕掛り品が見える化されておらず、工場内でものの流れが見えにくかった。材料置き場には無造作に箱が積まれ、探すムダが発生していた。さらに生産体制はまだ平準化できていないそうだ。これまで人件費が安かったことと、市場の急成長で大量生産方式の体質になっていることで、トヨタ生産方式の本格的な導入はなされていない。見学コース途中でいくつかのラインを見たが、人の多さに違和感のある場所があった。これから効率を追求し、ムダとりを始めるならば、おそらくこうした作業員は半分以下に活人できるだろうと感じた。

中国の経済成長率は鈍化してきており、2007年は11・9%だったのが、今年の4—6月期では10・1%に落ちた。これはサブプライムローンの問題などで欧米向けの輸出が減速したことと、原油などの資源高騰が影響しているが、成長率のピークを過ぎたという見方をする人も多い。そうなると今後いよいよムダとりが重要になってくるだろう。

従業員の寮も見学することができた。工場の敷地の隅に6階建ての寮が建っていた。寮生の平均年齢は21歳だそうで、寮内には衛生委員会などがあり、きちんとした規律正しい生活をしている。総経理は、生活がきちんとできない人は良品を作れない、という考えを持っていた。寮生活を通じて規律を体で覚えさせ、それを製品作りにつなげようとしているのだ。

ただし、せっかくスキルが身についても、最近はすぐに会社を辞めてしまうそうだ。中国の多くの工場は、この離職者が多いという問題に悩まされている。2年ぐらい勤め、そしてスキルを身につけると、より給与の高いところを探して移る若者が多い。そしていま中国は物価上昇が激しく、消費者物価は今年6月で7・1％も上昇した。こうなると高い給与を求めるのは当然だろう。すると同時に人件費も上がっていくことになり、ここ大連では最低でも月に1000元（約16000円）という給与があたり前になってきている。

また、最近はつらい仕事の場合、あまり辛抱せずにすぐにやめる若者が多いそうだ。これは一人っ子政策で甘やかされて育ったせいだ、と現地の人が言っていた。過保護な家庭で育った男子を小皇帝、女子を小公主《しょうこうしゅ》といい、こういった人々は仕事に対する上昇志向は強いが、精神面で弱く人間関係の構築にも問題があることが指摘されている。

離職率を下げるためにも、働く人のやる気の出る職場作り、というのも重要だ。そのためこの会社では技能と連動した給与制を採用し、スキルを身につけると給与がアップするようにした。また、様々な検定試験を導入して合格者を給与面で評価するなど、一律の給与体系ではなく能力制にすることで、働く人の士気を高める工夫をしている。

以上、ムダとりという意味では、この工場は日本の厳しい基準にははるかに満たないという印象だった。しかし、これから時代の要請でどのように変わっていくのかは注目に値する。いま中国の工場は、日本に頼らない方向で自立しはじめている。自国の市場をターゲットにし、売れるところで作る、という方針に転換している。中国は変わるときは速い。トップダウンで物事が進んでいく国なので、中国がここで効率向上を掲げ、ムダとりの方針に傾くことは、日本にとってはかなりの脅威になるだろう。

次に向かったのは大連に進出して14年目になるリョービという企業だった。この会社は、電動ドリルやチェーンソーなどの電動工具を生産しており、そのほとんどは日本向けである。私は小学生のころよく釣りをし、リョービの釣り具にはだいぶお世話になったが、今はもう釣り具は作っていないそうだ。ちなみにリョービは中国では「利優比」と書き、これは大変良い意味の名前だと案内の人が私に教えてくれた。

さて、この工場では、中にある機械や様々な加工装置に比べて床面積がかなり広いのを感じた。何も置いていないスペースもたくさんあり、これからどんどん生産設備を投入して拡大していくのだろう、という可能性を感じた。天井からは５Ｓの看板がぶら下がっていたが、清掃や整理されていないところもたくさんあった。

ただ、従業員はすべて帽子の色で区別しており、お客さんなのか、会社幹部なのか、あるいはどういう職場の人なのかがすぐに分かる。これも一種の見える化である。興味深かったのは作業ミスを防ぐ工夫で、電動工具のとりつけ部品は似たようなものが多く、作業員も間違えやすい。そこで、部品ごとに重さを変えて作り、組立作業は重量計の上で行う。もしも違う部品を取り付けると総重量が変化するのでランプがついて知らせる仕組みになっていた。

工場全体のイメージは、１９７０年代の日本のような大量生産型で、ベルトコンベアと流れ作業が基本型になっていた。こういった工場は日本では最近は少なくなっているので、ある意味で新鮮に映ったが、同時にあまりにもムダが見えてきてしまい、少しイライラしてしまった。しかしそれは日本とはとりまく環境があまりにも違い過ぎるため、当然のことなのだ。これが経済成長率10%の国の様子なのだと改めて実感した。

例えば忙しい時期などは人をたくさん投入して何とか頑張る、という力技で対処するそうで、こうすると半月かかるリードタイムが4日でできるそうだ。このパワーも凄いが、今後人件費がさらに高騰してくるとこのような方法はうまくいかなくなるだろう。

また、材料費の高騰もあるが、この会社ではこれを吸収するようないろいろな工夫をしていた。まず、精度がいらない加工ではなるべく安い機械を導入し、また部品のうちいくつかは地元の中国企業から買う。日本から買うのは時間がかかるし、高くなるためだ。日本から買うところが実はボトルネック工程、と案内してくれた人がつぶやいていたのが印象的だった。

以上、私が見た中国の工場の一部を紹介したが、いろいろと考えさせられた視察旅行だった。特に、ある在留日本人から聞いた言葉が印象に残っている。それは、

「日本人は一人一人は豚でも、三人集まると龍になる。中国人は一人一人は龍でも、三人集まると豚になる」

というものだ。これは中国人から聞いたそうだが、中国人は一人一人の能力は非常に高いが、チームワークが弱く、日本人はその逆だと思われているそうだ。

私は日本人の一人一人が本来持つ能力は、決して中国人に劣っているとは思わない。しかし中

国で明らかに感じたのは、中国人の生活に対する必死さ、生き残るための自己主張の強さだ。13億人の中から競争して這い上がっていかなくてはならない。この必死さの違いが個人のパワーの違いになって見えているのではないだろうか。

そうなると、今後中国がムダとりをしなくてはならない状況になったとき、そのパワーはチームワーク作りにうまく向けられるだろうか。組織のムダとりは一人ではできない。チームワークが何よりも大切で、そうしてチーム全体の士気を向上させる必要がある。これができるかどうかに中国のムダとりの成否がかかっているだろう。実際に訪問した企業では、この将来を見越して、チームワーク作りのためにサッカーなどの団体でするスポーツを余暇に取り入れ始めている。

さて、だいぶ製造業の話が続いたが、次章ではここまでの話をふまえて、家庭や日常の様々な無駄について考察してみよう。無駄とは何かをはっきりさせ、そして製造業でのムダとりの方法論を持っていれば、身の回りの様々な無駄の対処法が見えてくる。

第5章　社会は無駄だらけ

さて、いよいよ家庭や職場など、私たちの生活周辺にある様々な無駄の例を見ていこう。同時にこうした無駄をなくす方法についても考えてみたい。

冷暖房の無駄

冷房や暖房のつけ過ぎは家庭でも職場でも典型的な無駄の例だ。しかし夏の暑い日に外を歩いていて、クーラーが強く利いているデパートから漏れ出てくる冷気を感じると、しばし幸せを感じてしまう人は多いだろう。店としては冷気で客を呼び寄せることも狙っているため、入口付近はわざと温度を低めの設定にしていることがある。

しかし最近は地球温暖化の懸念から人々の省エネ意識が高まり、冷暖房の無駄についてはだいぶ改善されてきたように思う。例えば夏場の冷房温度設定は27℃に定めている会社は多い。この27℃という温度設定も、人によっては快適と思うかもしれないが、暑くて仕事に集中できない、という人もいるだろう。確かに人は暑いと感じると仕事の効率が下がる、という研究報告もある。

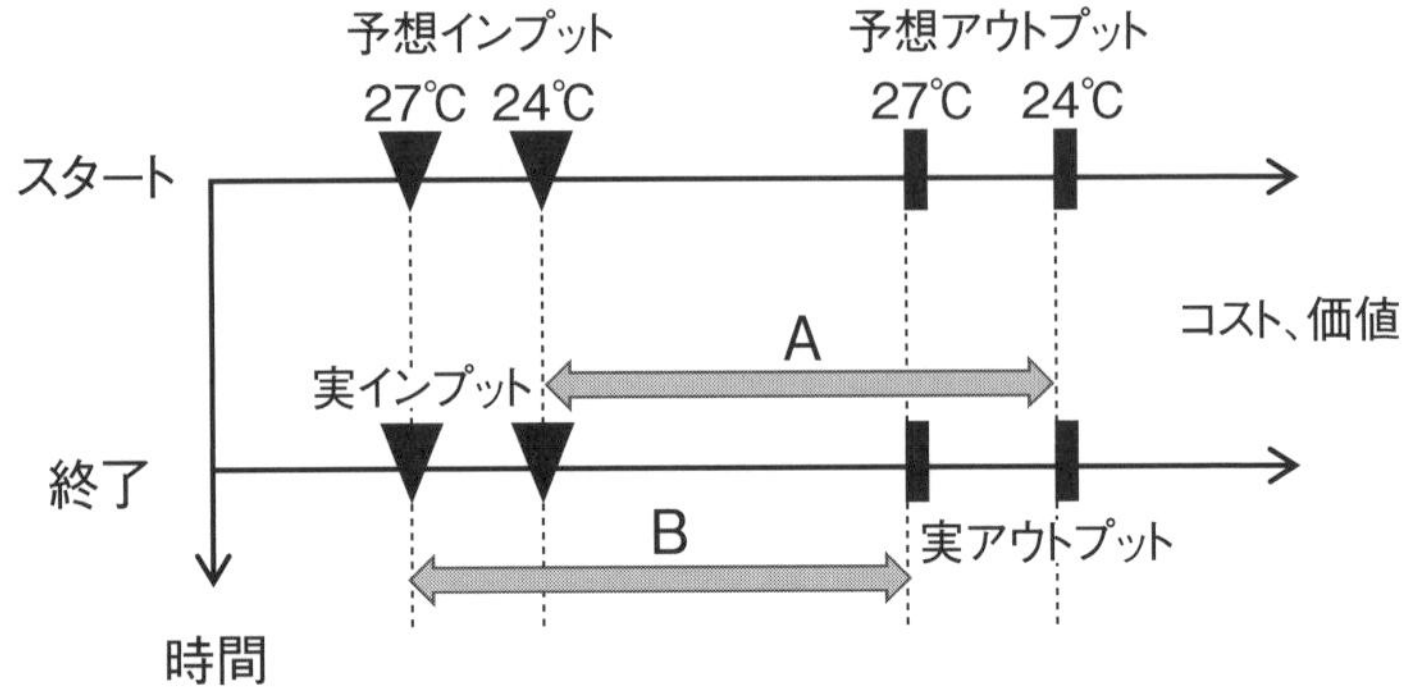

〈図1〉冷房の2種類の温度設定の比較。24℃も27℃もこの図の例では益はあまり変わらない。

そして女性より男性の方がエアコンの温度は低めに設定するという傾向があることも知られている。

それでは温度設定の違いについて無駄分析をしてみよう。ここでは例えば24℃と27℃の2種類を考え、投入効果図を書く。〈図1〉はこの2通りの温度設定におけるインプットとアウトプットを示しており、インプットは単純に電気代、そしてアウトプットは満足度とする。

図によれば、24℃の方がもちろん電気代がかかるが、涼しくなる分だけ満足度は27℃のときより大きくなっていることがわかる。この満足度はもちろん人によって異なるが、ここでは図のようなケースを仮定する。この場合、二つの温度設定で益はどうなるだろうか。これはアウトプットからインプットを引けばよいので、図の矢印の長さが益を表す。矢印Aが24℃のときの益、矢印Bが27℃のときの益だが、これは図の人の場合はほぼ等しい長さになっている。したがって27℃で慣れることができれば、電気代を節約しながら益は変わらなく保つことができるのだ。第2章でしょう油のかけすぎという無駄の

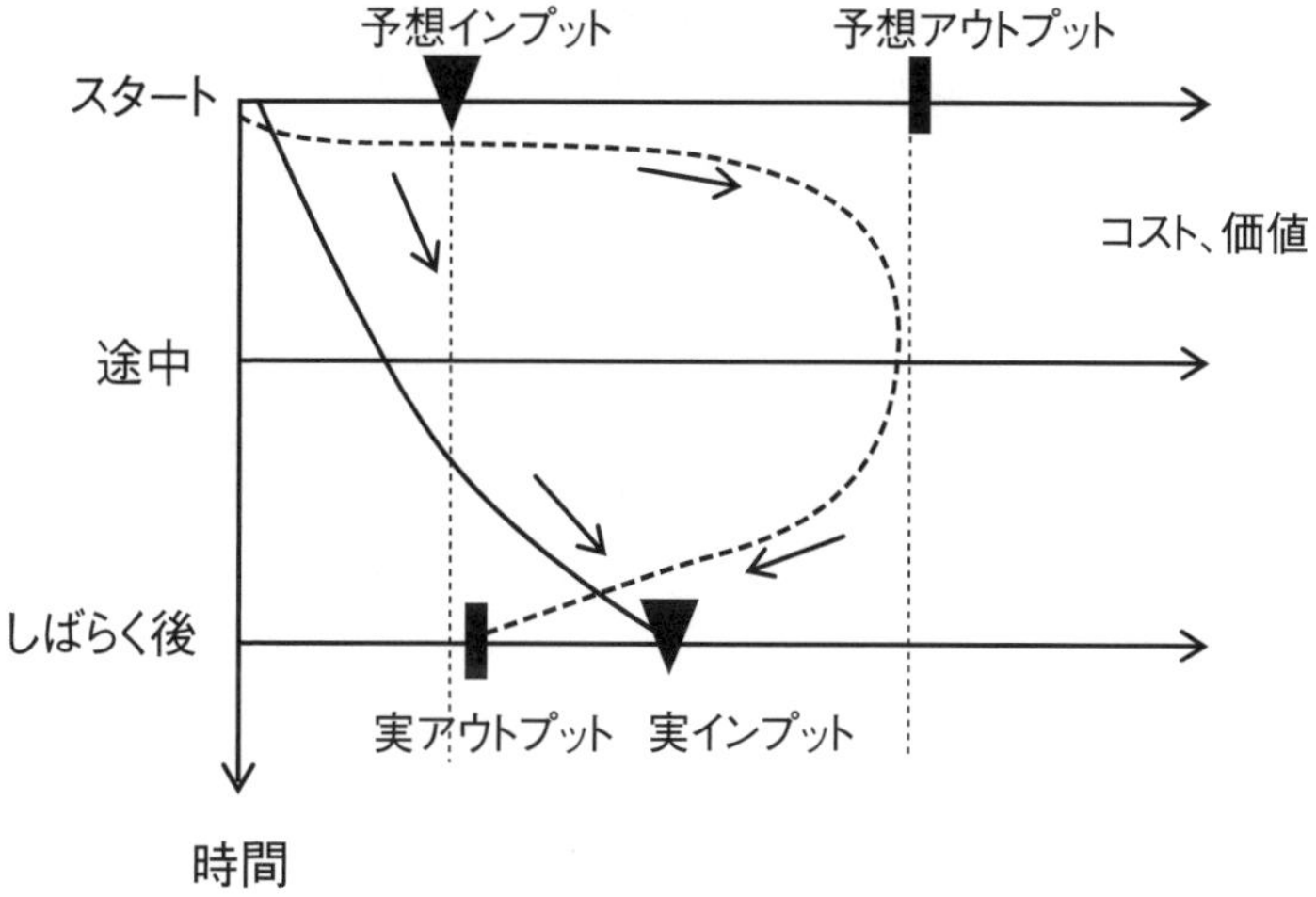

〈図２〉冷房をしばらくつけていて風邪をひいた、という例。期間の最後にアウトプットが急に減少して益がマイナスになる。

改善話をしたが、それとまったく同じことがここでもいえる。

次に24℃で快適だと思っている人が、冷房をつけたままつい寝てしまったというケースを考えてみよう。しかも悪いことに目が覚めると腹痛と寒気がして、結局風邪をひいてしまった、とする。この場合の投入効果図を〈図２〉に描いたが、実線のカーブはインプットの時間変化を表していて、冷房をつけっぱなしにしているためどんどん電気代が増加している様子がわかる。そして点線のカーブがアウトプットの変化で、はじめは部屋が冷えてきて快適さが上がっていくが、そのうち飽和して、ついには体調を崩して下がり始める。最終的には風邪をひいてしまって益がマイナスになり、冷房をつけなかった方がよかったという事態になる。

さらに冷房の話を続けよう。冷房は部屋を

涼しくするのと同時に、室外機から外に熱風を出す。街を歩いていてこの熱風を受けるとたまらなく不愉快だ。この熱風の排出をなくすのは無理で、どこかを冷やせばその代りにどこかにその奪った熱を捨てなくてはならないのは物理学の原理なのだ。よくある笑い話で、あまりにも部屋が暑かったので、冷蔵庫を開けて涼んだ、というものがある。これははじめはよさそうだが、そのうち冷蔵庫の後ろの放熱板がかなり熱くなってしまい、しまいには冷蔵庫が壊れる、という悲惨なことになりかねない。

熱を外に捨てることで部屋を涼しくしているならば、逆に冷房は外を余計に暑くしている。ということは、外を涼しくするためには冷房を止めればよい。私は一度、東京都の冷房を全部止めてみる、というのも面白い実験ではないかと思っている。意外に部屋の内外とも涼しくなるかも知れないのだ。ちなみにわが家では、昨年の夏も今年の夏も一切冷房を使わなかった。都内のマンションに住んでいるが、川沿いなので夏は窓を開けると良い風が吹いてきて、何とか暑さをしのげるのだ。したがってぜひとも電力会社からエコ家庭ということで表彰してほしいと思う。このように個人の努力や協力を「見える化」してもらえると、ますます省エネに取り組もうという気持ちになれるだろう。

冷房の無駄について他にもいくつか指摘したい。まず、冷房が適切に利いた部屋にずっといる人は、その温度に慣れて、冷房をつけていること自体意識しなくなってくる。しかし何かの拍子で窓を開けてみると、実はもう夕方で外は十分涼しくなっており、冷房のついた部屋と外気温はあまり変わらない、ということがある。これは自分でも何度か経験がある、非常に悔しい思いをする無駄の例だ。

また、私の家の近所にあるスーパーは閉店時間と同時にエアコンを切っているが、店のシャッターを下ろす直前でもまだ店内はかなり冷えている。これは明らかに無駄で、エアコンを切ったあとでもしばらくは涼しいことを考えると、使用を終える10分ぐらい前に電源を切る、ということを私は提案したい。部屋の大きさや外気温などで冷気の持続時間は変わるが、家庭で10畳程度のリビングならば、寝室に移動する5分から10分ぐらい前に切ればちょうどよい。これを習慣にすれば電気代もだいぶ変わってくる。これは冷房の目的を「自分が部屋にいる間だけ快適な温度に保つ」と設定して最適化を考えているうちに思いついたアイディアだ。

他にも、設置してあるエアコンの位置によって部屋の温度にムラができてしまい、エアコンに近い人は寒すぎるが、遠い人は暑くて仕方ない、というケースもある。このようにせっかくエアコンを適正温度でつけていても、誰にとっても快適でないようなことも起こり得るのだ。これはほぼすべてその投入エネルギーが無駄になっている場合で、均一に冷やす、という目的を達成できていないため生じた無駄だ。エアコンを設置したときは気がつかなかったかもしれないが、空気の循環、そして窓や出入口の位置などを考慮すればある程度これは避けられる。さらに最近はエアコンの温度センサー技術の向上により、なるべく室内温度が均一になるように工夫されている製品もある。また、大きな部屋ではスポット冷房などと呼ばれているシステムがあり、各自のそれぞれの居場所に専用の冷房の吹き出し口がついて、しかも個別に温度設定やオンオフができるようになっている優れたものもある。このように冷気の偏在による無駄は、技術の進歩により克服できる部分も多い。

電気の無駄づかい

〈冷蔵庫〉

部屋の電気のつけ過ぎ、消し忘れなども家庭の大きな無駄の一つになっている。家の電気メーターが回っている限り、家庭内のどこかで電気を使っている。中でも家庭の消費電力の約2割を占めるのが冷蔵庫だ。冷蔵庫はもちろんずっと通電していなければならないが、古い冷蔵庫は実はかなり電気代がかかっている場合がある。新しいタイプは電力量をかなり抑えている。我が家も今年になって10年ぶりに冷蔵庫を買い替えた。長く使うものなので、多少高いものでも、なるべく電気代がかからないものの方がよい。これも期間の設定を例えば10年と定めることで、高額な初期投資は無駄ではなくなるのだ。

〈照明〉

部屋の照明でも同じような話がある。蛍光灯は電球に比べて寿命が長く、消費電力も3割ぐらい少ない。今では電球のソケットに取り付けられる電球型蛍光灯があるが、その値段は電球に比べるとまだ高い。しかもサイズが大きくなるため照明のカバーが取り付けられない場合もある。しかし長寿命のため、期間を長く設定することでこの買い換えは結局無駄な買い物ではなくなるのだ。また最近では、ソケットに取り付けられるＬＥＤを使った照明も開発されている。

私が以前ドイツに住んでいたときに知ったのだが、ドイツでは明るい部屋はあまり好まれない。ドイツ人は目が弱いということを聞いたことがあるが、大学で一緒の研究室で研究していたときも、あまりにも部屋が暗すぎるので専用のスタンドを用意してもらったほどだ。家でもレストランでも、夜はろうそくの灯りを好んで使っているところが多かった。私も住み始めてしばらくしてこの習慣に慣れてきて、夜はしばしば部屋の蛍光灯を消してきれいなキャンドルの灯りだけで食事をした。そして炎のゆらめきを見ていると、自然に心が落ち着いてきて気分がよくなるのだ。こうして節電だけでなく、精神の安定という思わぬアウトプットが得られた。

逆に明かりを煌々とつけることで集客をしようとしているのがガソリンスタンドやコンビニエンスストアだ。コンビニの天井には多くの蛍光灯がついているが、さらに外から明るく見えるようにするために、その配置はすべて窓ガラス面に垂直でなく平行に設置する、という工夫がしてある。こうすれば蛍光灯の管全体が外から見えるため、明るさが増すのだ。

とにかく電気は目に見えないものなので、どれだけ使ったかが分かりにくい。したがって電気メーターの数字や、ぐるぐる回っている回転盤を家庭のどこかに常に見えるように表示しておくだけで「見える化」になって、節約する気持ちが芽生えるのではないだろうか。一番良いのはリアルタイムで電気料金が目につく所に表示されるシステムだ。これはかなりの電気使用を抑制する効果が期待でき、ひいては環境問題にも大きく貢献するので、ぜひとも実現させてほしい。

〈掃除機〉

その他、知識として知っておくだけで、日常生活で発生する不覚型の無駄を排除できることも多い。例えば、フローリングの掃除機がけは「弱」でやるのが良い。「強」は電気代が数倍かかるし、フローリング床ならば弱で十分きれいになる。強より掃除時間は多少かかるが、それでも弱の方が総コストは低くなる。

〈洗濯機〉

洗濯物を入れすぎると、汚れが落ちにくくなり、また電気の無駄づかいにもつながる。洗濯機の容量の8割程度がよい。逆に洗濯物が少な過ぎても電気や水の無駄になる。

〈風呂〉

沸かしたお湯をためていく方が、張った水を沸かすよりも経済的で、また沸かす時間も短くなる。水から沸かす場合でも、夏は日中の気温で温まった夕方に沸かすなどの工夫をすれば節約につながる。このような知識はテレビなどでよく特集番組が放送されるし、本もたくさん出版されているので、どんどん仕入れて周囲に広めていこう。

わが家の冷蔵庫、その後

節電目的で今年に冷蔵庫を買い替えたと書いたが、実はこれは思わぬ無駄を生んでしまった。それは前のものより少しサイズの大きな冷蔵庫にしたため、食料を必要以上にためすぎるようになったことだ。入れものを大きくすると、人は余っているスペースに余計に入れたくなるものだ。こうしてどんどん中のものが増えていき、今ではこの大きくした冷蔵庫もほぼ満杯の状態になっている。こうなると、中から食品を探すのにより時間がかかるようになる。広いスペースは「見える化」しにくい。長時間ドアを開けていると庫内の温度が上がり、元の温度まで冷やすのに余分な電力がかかる。さらに入れたことすら忘れて消費期限が過ぎてしまい、捨てなくてはならないものまで出てきた。これは食品を買って、それをさらに冷やすというすべてのコストを失うことになり、さらにゴミも増やしてしまうため、最悪の無駄といえる。

製造現場のムダとりでレイゾウコというものがでてきたが、この例とまったく同じだ。ものを置くスペースを広げるとその分余計に置いてしまうため、仕掛り品がどんどん増えてしまい、これが経営を圧迫していく。これはゴミ箱を設置するとゴミが増える、という理屈と似ている。そのためトヨタ生産方式での改善は、置き場を必要最低限の大きさまで縮小し、「活スペース」をする。つまり冷蔵庫の大きさを逆に小さくすることで無駄を排除していくのだ。我が家でこれを提案したら妻から猛反対されたが、食事の何日分を冷蔵庫に保管するのか、そして多品種小ロットの食品をどのように平準化して買い物をするのかをきちんと計画すれば、もっと小さな冷蔵庫でも生活のクオリティを落とさないことが可能なのだ。

それでも大きな冷蔵庫にして収納スペースを増やしてしまった場合、その中を整理整頓して探す無駄を省く工夫が必要だ。この無駄は、冷蔵庫に食品を入れた人と、それを取り出す人が一般に異なるために発生する。そこで大体どこに何が入っているかを家族が共有していることが大事で、冷蔵庫の外に中の食品の位置を紙で貼って「見える化」しておくのもよいだろう。

支払いの無駄

〈携帯電話〉

少し前に携帯電話の契約内容を変更し、料金設定の安いものにしたはずなのだが、どうも月々の支払いを見ていると思ったほど下がっていない。後から気がついたが、広告に載っていた安い値段は、様々なオプションを除いたときの料金で、実際にはサービスをいくつか付加すると、月々の支払いがプラス１００円、３００円などと加算されてしまう。したがって、自分が本当に必要なサービスかどうかを一つ一つよく見極めて、本当に支払いを減らしたければ余計なものは思い切ってカットすることが重要だ。

前に保険は無駄か、という話をしたが、携帯電話が壊れたときの修理の保険で月々１００円を払うとしよう。もしも1年後に使えなくなったとき、その機種を果たして修理するだろうか。機種の進化が激しい業界において、おそらく最新機種が欲しくなるだろうし、修理している期間の代用携帯電話の煩わしさを考えると、修理よりふつうは買い換えるだろう。保険が有効に働くのは、例えば買ってすぐに水没させて壊してしまった、という場合だが、これが発生する確率は極めて低いと考えられるし、心配ならば最近は防水携帯もある。このように期間の設定が短い場合、私は保険代は無駄ではないかと考える。長期の期間で予測が難しくなってきたときに保険は意味を持つのだ。

〈新聞代〉

家庭では電話料金以外にも毎月様々な決まった支払いがあるが、最近私の周囲でよく話題にのぼるのが新聞代だ。毎月約4000円だが、ニュースは今やインターネットで見ることができるし、しかも素早いタイミングで豊富な記事が無料で閲覧できる。したがって新聞を取らない人が増えていくのは避けられないだろうし、データでも購読者数はここ数年減少傾向にある。これは新聞社にとっては深刻な話で、先日も新聞社の記者や役員の人たちと話をしたが、紙媒体の新聞の将来について大きな不安を抱いていた。私の家でも新聞をやめるかどうか話し合ったが、やめてしまうと折り込み広告が見られなくなる、ということが決め手になって現在でも購読している。

近くの飲食店やスーパーなどのお得な情報はとても貴重で、これをインターネットで探すのは手間がかかるし、ちらしにしか載っていない情報もある。新聞記事の情報はテレビ番組も含めてほぼすべてインターネットで手に入るが、地域密着型の広告は購読しなければ手に入らない。つまり商品そのものの価値ではなく、そのおまけで選んだことになるため、これを新聞社の人が聞けばきっと複雑な心境になるだろう。ただし、この広告代のみで4000円を払っていると考えると、これも無駄といえる。したがって、新聞をとる目的をはっきりさせないと無駄かどうか結論が出ない。

私は広告とニュースを「受け身で」知ることができる、という利便性から購読コストを毎月払っていると考えている。インターネットは、自分でいろいろと探さなくては良い情報を得ることはできない。WEBサイトで色々なリンクをクリックしていくのは結構面倒で、また時間もかかる。しかし新聞はそれをかき集めて見やすいように整理して届けてくれる。つまり、投入と効果のバランスの問題で、同じ情報を得るのに購読コストを払った方が総合的に安くなる、と思っているのだ。

さらに私は、紙の便利さというものが他のもので代用されない限り、いつまでも紙媒体は残ると考えている。持ち運びが便利で、小さく折りたためる。そして見たい時にすぐそれを広げて見ることができるし、手軽に書き込める。インターネットはそれを操作するためのツールが必要で、さらにそれが使える通信環境にいなければならないし、電気代もかかるのだ。

コンピュータの無駄

インターネットをするためには、もちろんコンピュータが必要だ。私はこのコンピュータの周辺にはかなり多くの無駄があると思っている。例えば、スイッチを入れて起動し、作業を始めるまでの無駄な時間については前に述べたが、それだけではない。パソコン内に入っているソフトウエアについても様々な問題がある。例えば、Windowsなどの基本OSやソフトウエアは、定期的にバージョンアップしたり大幅な変更をおこなう。そのたびに以前のバージョンと新しいものとで互換性がなくなるトラブルが発生することがある。私は、学会での講演中に、重要なグラフや動画がこのバージョン違いのせいで表示されず、大変に不愉快な思いをしたことが何度もある。準備にかけた時間がすべて無駄になってしまったのだ。これは不覚型の無駄で、私の不注意でもあるのだが、ソフトウエア開発者も想定されるトラブルをしっかり予測し、またユーザーの声を集めて不具合をきちんと公開する責任がある。バージョンアップは、よりよいソフトにしていくために重要なことだが、急な変化は誰も望んでいない。

文章入力ソフトも最近は様々な補助機能がついているが、余計なおせっかいのようなものが多く、使い勝手が大変悪いと感じている。例えば、文章の初めに「1」と書くと、改行した時に自動的に「2」と出てきてリストになる機能などだ。しかもソフトウエアが高機能化していて、邪魔だと感じる補助機能をどうやって無効にするのかがすぐには分からない。人によって必要とする機能は違うので、一律にはじめからいろいろな補助機能をつけておくのは迷惑だと感じている人は多いはずだ。

さらにソフトウエアでいつも私が無駄だと感じているのは、ヘルプ機能だ。私はこれまでソフトウエアの使用中に何かトラブルがあって、その際にヘルプ機能に助けられたことはほとんどない。ヘルプに表示される内容があまりにも的外れで、最後は管理者に聞いて下さい、と出る。これではヘルプに費やした時間がすべて無駄になる。実は一番役に立つヘルプは、インターネットの検索機能だ。検索サイトにトラブルの内容を書き込んで調べてみると、誰かが個人のブログなどで同じようなトラブルをこうして解決した、と書いているのを見つけることができる。もちろん信憑性の問題があるが、とりあえず試す価値はあるし、これで危機的な局面を実際に何度も助けられたことがある。

また、最近よく思うのが、電子メールによって我々は便利になったのか、ということだ。10年前はメールの登場で大変便利になったと感じていたが、今ではまったく逆の気持ちの方が強い。最近の調査によると、全世界で1日に出されるメールの数は1530億通で、その85%が迷惑メールだという。そして迷惑メールによる損失は年間1兆円に上るという。これは不要なメールを読んで処理するために費やす時間の無駄を換算したもので、さらにこのようなメールが人権侵害に発展したり、会社のサーバーがダウンする事態にもなる可能性がある。近年はいろいろなソフトウエアが開発され、迷惑メールを自動判別してくれるものがあるが、これも厳しくフィルターをかけると必要なものまで届かなくなる危険性がある。実際にこのフィルターのせいで私のところに来るはずの重要なメールが届かなかった、という経験は何度かある。迷惑メールを出している人々も、フィルターを潜り抜けるようにあの手この手でメールを送りつけている。このような高度な技術があるならば、それをもっと社会のために使えばいいのにと思う。ただし、迷惑メールを排除するソフトウエアの製作会社が実は自社の売り上げのために迷惑メールを送信している、というブラックジョークも聞いたことがある。

もちろん我々は迷惑メールばかりに時間をとられているのではない。重要なメールがいくつも来ると、その処理だけで1日を費やすこともよくある。少なくとも私は毎日最低1時間は受信したメールに対する返事を書いている。メールはその手軽さから、初対面の相手でも用件を依頼しやすくなるため、だんだんと増えてきて、そのやりとりのスピードもここ2、3年で急速に加速してきた。相手もメールの返事を大体2日以内で期待している。また、海外出張から帰ってきて1週間ぶりにメールを見ると、返事をしなくてはならないメールだけでも300件は来ている。

紙でやりとりしていた頃の数年分の手紙の量が1週間で来るという、恐ろしい時代になっているのだ。我々は1日のうち限られた時間しかメールに割けないので、このままメールが増え続けると、近いうちに人間一人が1日でさばける量の限界に達するのではないかと危惧している。

時間の使い方

さて、ここで効率的な時間の使い方を考えてみよう。誰でも1日は24時間という時間が与えられているが、時間の使い方の上手な人は、どうみても24時間以上あるように見えるときがある。もちろん昼間に効率よく仕事をこなすことも大切だが、さらに朝と夜をどう過ごすか、という点も見過ごしてはならない。

私は以前、渋滞学の一般向けの講演をある団体から頼まれたとき、先方が指定してきた日には既に用事が入っていたので、断ろうとしたことがある。しかしその依頼メールをよく見て驚いた。講演はなんと朝7時からと書いてあったのだ。当然このような早朝に用事は入っていないので、無事に引き受けることができた。この講演の参加者を見ると、企業の社長や病院長などで、皆さん超多忙な人ばかり。そこで分かったのが、参加者もこの朝食の時間ぐらいしか空いていないし、このような早朝セミナーは多忙な人の間ではあたりまえのように各地で行われているということだった。出勤前にすでにこのような時間を持つためには、前日は少し早めに寝ればよい。これに参加できたおかげで、私も普段会うことができない人々と交流することができた。

朝の時間を効率よく使うためには、前日の夜に5分だけでもよいから翌日のことをイメージしておくのが大切だ。例えば、翌日の着替えや持ち物を準備しておくと朝の忙しい時間を有効に使えるようになる。これはトヨタ生産方式ではまさに「外段取り」に相当している。朝の時間で準備するのではなく、それ以前に段取りを済ませておく。そうすれば朝になって着る服の組み合わせを考えるのに時間を割かなくてもすむ。

夜の過ごし方は、店や家でお酒を飲んだり、テレビを見たり、コンピュータゲームをしたりなど様々だが、私はゲームだけはなるべく避けるようにしている。以前かなりゲームにはまっていた時期があるが、プレーしているときの楽しさに比べて、終わった後に来るむなしさに似た感覚が耐えられなくなってきた。時間のインプットに比べて、アウトプットが乏しく、時間を無駄に過ごしたという感じが強く残ってしまう。

最近の時間の使い方調査の新聞記事によれば、1日のうち1時間以上ゲームをしている人が小学生で50%、中学生で40%もいるという結果が出た。中には毎日4時間以上している人もいた。今の時代の流れなのだろうが、24時間しかない限られた資源を浪費している気がしてならない。もちろんたまには私もストレス発散でゲームをするが、それよりも歌を歌う方が自分としては投入に対する効果は大きい。

昼間の仕事に関しての無駄について、山田日登志さんは著作の中で厳しい意見を述べている。ビジネスマンは、毎日8時間デスクで仕事をしているが、本当は頑張れば2時間ぐらいでできるのではないだろうか、と。

人間が本当に仕事に集中できるのは2時間ぐらいだとすれば、8時間労働とは、2時間でできることを8時間かけてやっているだけ、ともいえる。仕事の中にはたくさんの無駄があるが、同じような仕事を毎日し続けていると、無駄を無駄と思わなくなってくるのだ。これに気づくことで「活時間」が可能になる。

職場における無駄

〈机の上〉

仕事の効率を決める基本は、まず自分の机の整理だ。机の上は、レイゾウコだと思えばよい。つまりこれからする仕事に関する資料を置いておくところなのである。机にいろいろな資料が雑然と積んである状態では、探す無駄が発生し、時間をロスするだけでなく、机の上のスペースが圧迫される。したがって、理想は1日分の仕事のみを机上に置いておき、帰るときに翌日分の仕事を置くという繰り返しの習慣をつくればよい。もちろんこの背後に業務の「平準化」が必要であることは言うまでもない。例えば月末に業務が集中していれば、その時期の仕事で前倒しできるものをあらかじめ今のうちにやっておく。また、昨年度の手帳を見て、どのような業務が今年これからあるのかを予測することも大切だ。そして一度自分の担当の業務の発生回数や必要時間をすべて書き出す「業務棚卸し」をしてみるのも効果的だ。

〈電話、出張〉

1日の業務計画が乱される要因として、電話が挙げられる。これは突然にかかってくるし、メールのようにしばらく放置することができない。そこで、この対策としてPECの副所長である山崎さんは、二人で電話1台を時間分担制で担当することを勧めている。これは、電話がかかってきたら決められた一人が必ず受け、もう一人は応対せずに業務に集中する、というものだ。そして例えば2時間ごとにこの分担を交代すればよい。メールに関しては、1日に3回、朝、昼、夕方などにチェックし、それ以外は見ない、と決めるのがよい。

その他にも、担当者の出張や休暇などで、業務が突然進まなくなることもある。この際に、もし他の人がその担当者の仕事を代わりにできれば、前に進める場合もある。これはトヨタ生産方式では、多能工化といい、自分に近い上流と下流の工程の仕事をなるべく覚えて、一人でもできるようにしておく方法だ。そのためには周囲の業務の見える化と普段からの働く人どうしのコミュニケーションが重要になる。

〈稟議書、会議、海外との連携〉

大きな組織になればなるほど、意思決定が遅くなる。これは社内の回覧書類、いわゆる稟議書の回転スピードが遅いことにも大きく起因している。したがって、自分が印を押す書類が回ってきたら、例えば1時間おきなどの定時に必ず印を押して次に回すとよい。この「定時運搬」により、書類の回転にスピードが生まれる。逆に「定量運搬」を誰かがしていると、書類が一定量たまらないと次に行かないため、そこで稟議書渋滞が発生する。また、各書類を回すのにかかる標準時間を定め、そのリードタイムを全員で共有することができれば改善が進みやすくなる。

会議を無駄と感じている人は多いが、長時間にわたる会議は最も排除すべきものだ。そのためにまず大切なのは、会議の終了時刻を決めること。そしてその会議室には、終了時刻にすぐに別の会合予定を入れておく。こうして終了時刻が決まれば、全体の議題の時間配分がきちんと決まっていく。また、会議前に議題を告知し、その議題に対する意見をあらかじめ考えておいてもらうことも重要だ。「外段取り」をうまくやることで、会議時間はいくらでも短縮可能になる。

仕事はふつう1日8時間だが、実は無理なく24時間仕事を進める方法がある。それは海外とうまく連携することだ。例えば日本が夜でも、ヨーロッパは昼なのでまだ仕事をしている。こうして日本と海外で時差があれば、それをうまく使って、一つの業務を24時間常に誰かが進めている、という状況を作り出すことができる。私も世界中の研究者と共同研究しているが、これまでこのようにして短期間でいくつもの成果をまとめることができた。

過剰な包装と買い物袋

つぎに過剰なものが生み出す無駄について、以下考えていこう。必要以上のインプットを投入する無駄で、身の回りを見渡すと実に様々なものがある。

はじめに過剰包装の問題を考えよう。お土産やお歳暮などの箱には、まず「のし」がつき、そしてその上に大がかりな紙の包装をして、さらに配送時の梱包のためクラフト紙が巻かれる。そして箱の中には仕切りなどが多用されていて、箱の大きさは明らかに商品より大きいものが多い。

商品を届けるだけの目的とすれば、この包装のほとんどは無駄といえる。商品を傷つけない包装は必要だが、豪華に見せるためだけの包装はこれからの時代はなるべく遠慮して断わるべきだと思う。そして「過剰包装をしていません」と商品に分かるようにメッセージを書いておけば、受け取った人も分かってくれるのではないだろうか。似たような話で、最近は夏に職場でネクタイを着用しなくても失礼にならない風潮になってきた。これはクールビズという軽装化キャンペーンを環境省が中心になって日本全体で推し進めてきたからだ。過剰包装も同じように皆でお互いに減らしていく風潮をこれからなんとかして作り出していきたい。

ちなみに中国では、この過剰包装を規制するための国家基準案というものが2008年に発表された。このように国を挙げての規制は社会主義国家ならではのことで、即効性がある。規制案には商品の大きさからその包装箱の大きさの限度を定めたものや、酒、菓子、化粧品などの包装は3層まで、などの項目がある。

過剰包装は、ソフトウエアやコンピュータ周辺機器などにも多い。USBメモリは最近、小型化しているが、その商品箱はメモリよりもはるかに大きい。そのため、この商品の輸送コストのうちの大部分は自由財である空気を運んでいることになる。ソフトウエアも結局DVD1枚なのだが、商品箱は大型の辞典ぐらいの大きさになっているものもある。また、CDやDVDについているキャラメルフィルムも不要な場合が多い。野菜や果物もトレイとラップを使わない「裸売り」をすれば良いと思う。この裸売りは欧米では一般的なのだが、日本ではほとんど普及していない。

最近は包装紙の再利用の動きもいろいろと出てきている。例えば和菓子の老舗「叶匠壽庵《かのうしようじゆあん》」では、その美しい包装紙を利用して封筒を作れるような工夫をしている。包装紙の裏面に引いてある線の通りに折っていけば、おしゃれな封筒ができあがるのだ。したがって商品を開封するときには包装紙をビリビリと破ってはいけない。また、アウトドア・メーカーのパタゴニアなどもカタログを同封する封筒を点線で切ると、郵便用の封筒として再利用できるようになっている。何でもゴミにしてしまうのは簡単だが、その前に再利用の方法を少し考えてみることが大切である。

次は買い物袋の話。まずドイツでは、スーパーで買い物をしても買い物袋はタダでついてこない。したがって自分でバッグを持って買い物に行かなくてはならないが、持っていないときには有料で袋を買うのだ。私がドイツのスーパーで買い物をしていたとき、近くの若者が背負っていたリュックサックに店の商品をどんどん入れるのを見て大変驚いたことがある。リュックサックには自分の持ち物も入っているため、まるで万引きをしているように見えたのだ。しかしレジまで行くとリュックサックからちゃんとすべて取り出して支払いを済ませていた。買い物袋を持参していなくてもリュックサックでよいのだ。ドイツでレジ袋を買う人は全体の1割以下といわれており、このような仕組みが始まってもう30年になる。しかもドイツでは行政からの指導があったわけではなく、大手スーパーから自主的に始まったところがすばらしい。

現在、このようなシステムになりつつある国や自治体は世界中でかなり増加している。これも街ぐるみで一斉に始めないと、顧客の争奪戦が激しい店舗側の協力はなかなか得られないだろう。

注意書きの無駄

商品を買うと、最近は過剰な注意書きが目立つようになった。例えば、「冷凍庫から出してすぐ食べるとアイスが口にはりつくことがあります」「大勢の人が集まる所でこの傘を振り回さないでください」など、冗談かと思えるような文句が書いてある場合がある。これは、1995年から施行された製造物責任法、通称PL法のせいだと考えられる。この法律は消費者の保護を目的としたもので、製品の欠陥が原因で損害を受けたことを示せば、メーカーに対してその賠償を求めることができる、というものだ。そのため、メーカーはこの法律に過剰反応し、責任回避を図るため表示する必要がないと思われる細かい注意まで書き始めた。その結果、アイスが口にはりつく可能性をあらかじめ表示することで、この商品が安全性を欠いていると評価されないようにしたのだろう。

しかしこのような注意書きは一般常識といえるのではないだろうか。何らかの損害があってもそれはメーカーの責任とは思えない。責任のつまらないなすりつけあいのせいで、消費者が本当に必要としている情報が提供されない方がもっと問題だ。商品のパッケージは限られた面積しかないので、これを有効利用してほしいと願う。

過剰セキュリティ

〈マンションのセキュリティ〉

次は過剰セキュリティの問題だ。最近のマンションではセキュリティの関係で、居住者以外は勝手に建物内に入れないようになっていることも多いが、そうなると新聞配達の人は1階のポストに投函するしかない。住んでいる人は、朝に新聞を読もうと思えば、着替えて1階まで毎日取りに行かなくてはならない。しかも自分がマンションに入る時は、いちいち鍵をあけたり、パネルで番号入力したり、など時間がかかるようになる。

これはどのマンションでも悩ましい問題の一つで、セキュリティを厳しくすればするほど、このようにどこかに問題が生じてしまう。こうしたセキュリティのための投入コストは、泥棒の侵入などを防ぐための一種の保険だと考えられるが、投入と効果のバランスが適切かどうかをきちんと考えた方がよい。3万円のものを取られないようにするために、20万円の監視カメラをつける人はいないだろう。セキュリティは保険と同じで、いろいろなことを心配し過ぎると、いくらでも投入コストが増加していく。したがって、やはり目的と期間をはっきりと決め、ある程度のリスクは仕方ない、と割り切る部分を持つことも重要だ。

〈空港のセキュリティ〉

空港でのセキュリティ検査も、現在ますます厳しくなってきている。2007年3月より、新たに国際線航空機客室内への液体物の持込が制限され、１００㎖を超えるあらゆる液体物の客室内への持ち込みが禁止になった。これにより、化粧用品やスプレー、歯磨き粉なども制限されるようになり、かなり海外旅行が不便になってしまった。これはその前年度にあった英国での液体性爆発物による航空機爆破テロ未遂事件の影響だ。何か新たな事件があるたびにセキュリティが厳しくなっていくのは、一般の利用者にとっては迷惑そのものだ。さらにそのためにセキュリティ検査場の通過時間も増加すれば、航空機の定時運行にも支障がでてしまう。

もちろん必要なことはきちんとやらなくてはならない、というのが大前提である。その上で、うまくセキュリティ検査場を工夫し、検査項目が多くなっても時間がかからないようにする努力も大切だ。それには、トヨタ生産方式を見習って、検査場の様々な無駄を省いていけばよい。

例えば、カバンから液体物やパソコンをあらかじめ出しておいてもらうために、専用テーブルをきちんと用意し、そのことを誰にでも見えるように表示する。つまりきちんと「外段取り」をしてもらってからセキュリティゲートに向かうのだ。また、荷物を入れるトレイは赤や青など7色ぐらい用意するとよい。そうすればX線検査から出てきた時に自分のトレイを見つけやすく、探す無駄を減らすことができる。さらにセキュリティで引っかかった人は、検査の流れを邪魔しないように、別の再検査ラインを作ってそこに並んでもらう。こうして流れを分離して整理することをトヨタ生産方式では「整流化」というが、このような工夫によってセキュリティ検査場の通過リードタイムを短縮できる。現在、我々の研究グループでは、成田国際空港のこうした改善に取り組んでいる最中である。

〈連絡網〉

セキュリティと関係して、最近は個人情報保護の過剰さも目立つようになってきた。例えば昔、小中学校では学級連絡網というものがきちんとあり、各家庭の電話番号が書いてある紙を配布していた。しかし今では連絡先の書いていない連絡網が配られているという。また、自治体で防災マップを作ろうとしても、地図に住民の名前を記入できないなどの例もある。これは２００５年4月より施行された個人情報保護法による、プライバシーの保護の過剰反応だが、本当に必要な時に人々の助け合いのネットワークが機能しなくなることは、逆に本末転倒で大きな問題ではないだろうか。

過剰な薬と過保護

先日、風邪をひいてしまい久しぶりに高熱が出た。すぐに近所の病院に行ったが、そこで処方された薬の量が驚くほど多かった。説明を聞いていても、これは熱を下げる薬、これは胃薬、これは、痛み止め、などと延々と続き、そもそもなぜこれだけの薬が必要なのか、という説明はない。このような過剰な薬の処方は無駄ではないかと思ってしまう。残念ながら私には薬の専門的知識がないため、処方の段階でそれらの薬を断るのは難しい。

私は、人間が本来持つ自然な治癒力ではどうしようもないときのみ、薬を処方してほしいと考えている。したがって、そのままで2、3日安静にして治るような症状ならば、まったく薬が出なくてもよい。インプットが不必要なものに対して投入する必要はないのだ。

さらに私は人間のプラシーボ効果を信じている。これは薬理作用のない食塩水や乳糖などを薬だと言って飲ませると、なぜか効いてしまう現象だが、医者に「このままで大丈夫」と言われるとすぐに治ってしまうような気になる。これは一種の心理療法であり、人間を暗示にかけ、そして本来持っている自然治癒力を引き出すものだが、もちろんまだきちんと解明されているわけではない。しかしいつも笑顔でいるだけで免疫能力が高くなる、という報告もあり、人間にこのような不思議な力があるのは紛れもない事実なのだ。

病院関係者から聞いた話だが、介護の現場では、過剰な介護はよくないという話がある。介護ヘルパーがいろいろと親切にすればするほど、老人など要介護者の生活能力がどんどん落ち込んでいくのだ。これは介護ヘルパーにどんどん頼ってしまう体質になってしまい、自分で何でもやろうという気力がなくなってくることが原因だ。これではせっかくの介護の投入コストが有効に使われていないし、むしろマイナスになってしまう場合もある。やはり本人一人ではどうしてもできないことを見極めて、そこを助ける、ということが大事なのだ。過剰投入によって人間の持つ治癒力や適応力などを弱めてしまわないようにすることが本当の介護や医療行為だと思う。

〈過保護〉

似たような話で、過保護の問題を考えてみよう。親が子供を育てるとき、一般にどれくらいのコストを投入しているのだろうか。ある保険会社は、大学卒業までの22年間に養育費と教育費などで子供一人にかかるコストは約３０００万円だと算出している。もちろん様々な稽古事をさせたり、留学させるなど、お金をかけている家庭はこの倍以上のコストを投入している。しかし、人間は機械設備と違って、コストを投入すればするほど良くなるとは限らない。植物でも、栄養分や水の投入量が少なすぎても枯れ、多すぎても腐ってしまう。人間もその人に合った適度な投入量というものがある。必要以上に投入してしまう家庭は過保護で、親は子供可愛さからこういう行為をとるのだろうが、この場合は最適な投入量というのがそもそも分からないため難しい問題だ。したがって、過保護には「ムダ」「むだ」「無駄」のすべてが含まれていることになる。

詰め過ぎ

〈広告〉

近所のスーパーの広告ちらしを見ると、紙一面にぎっしりと店の商品の値段が並べて書かれている。特売のものは少し大きな字で書かれているが、それでも周囲がごちゃごちゃしていて大変見にくい。店側は広告紙にできるだけ多くの情報を詰め込もうとするため、隙間や余白の少ないものになってしまいがちだが、これは情報過多になっていないか注意する必要がある。余白は決して無駄なものではなく、むしろ文字や絵を引き立たせるために必要なものなのだ。したがって、余白が少なくなると、相対的に文字や絵が目立たなくなってくる。情報をたくさん伝えようとして詰め込むことはかえって逆効果なのだ。以前、新聞に載っていた全面広告で、その真ん中にたった数文字しか書いていないものがあった。その文字以外はすべて余白である。大きなコストを先日、歌舞伎を見に行った。

泉鏡花の代表作「高野聖」という演目で、

海老蔵と玉三郎の競演が素晴らしかった。

妖艶な女役の玉三郎が色気で海老蔵を誘うシーンは、

見ていてドキドキしてしまった。

投入して、数文字だけを伝えているのは無駄のように思えるが、しかしこの広告で伝えたいことは確実に頭に入る。そして今やインターネットの時代なので、その数文字の内容が気になれば、すぐに検索できる。

〈ブログ〉

また、個人のブログでよく読まれているものを調べてみると、行間を2、3行わざと空けて書いてあるものが多い。例えば、上の文を見てほしい。

このように行間を空けた文章は、WEBブラウザで見ると、早く下にスクロールすることができてスピード感がある。また、このように本に書かれている場合は、早くめくることができてどんどん読み進めている感覚がある。このスピード感を余白という遊びの部分が作り出してくれるのだ。したがって、余白に書き込めたはずの情報損失の分を埋め合わせる以上の効果をもたらすことがある。こうなるともはや余白は無駄ではなくなり、うまく使うことで価値を生み出してくれる。

これは広告や文章だけでなく、建物でも同じだ。敷地いっぱいに建物を建てるのではなく、敷地内に少し庭を作ることで気持ちに余裕が生まれてくる。したがって庭の分だけ部屋が小さくなっても、そのデメリットを上回るだけの精神面のゆとりが生まれれば、庭は決して無駄ではない。

スポーツの無駄とり

10年以上も前のことだが、私は東京ボブスレー・リュージュ連盟の依頼でボブスレーの研究を行った。これは長野オリンピックに向けたプロジェクトで、摩擦工学の権威である堀切川《ほっきりがわ》一男・東北大学教授を中心に様々な協力者が集まった。

ボブスレーは氷上のF1といわれ、ジェットコースターのような専用コースを二人あるいは四人乗りのソリに乗り、時速140㎞もの最高速度で走り抜ける。100分の1秒を争うスポーツなので、ほんの小さな要因でも簡単に順位が入れ替わってしまう。我々が最も注目したのはスタートダッシュで、ここにタイム向上の鍵があると考えて理論解析を行った。

選手たちは初めはソリの外に出ていて、そのソリに取り付けられている棒を皆で手で押しながらスタートする。ソリを下り坂の氷上で数メートルもダッシュしながら全力で押せば、かなりのスピードになる。そこで一気に全員がソリに乗り込んで、あとはそのまま弾丸のようにゴールに向かう。全員がソリに乗り込むところが最も難しく、よく競技ではソリのスピードについていけずに乗り込めない選手も出る。そうなるともちろん失格だ。逆にスピードがついていないうちにソリに乗り込むのは簡単だが、それではゴールタイムが遅くなってしまう。したがって、なるべく乗れるギリギリの速さまで押し、あとは乗り込みの練習をする、というのがこれまでの日本チームの作戦になっていた。

しかしギリギリまで頑張って押してしまうと、乗り込む瞬間にソリは自分の最高速度よりわずかに速くなってしまう。したがって、ソリに取り付けられている棒を最後に一瞬手前に引いてから乗ってしまうことが分かった。そして理論解析の結果、この乗り込みの瞬間の速度ロスがゴールタイムに与える影響は、0・5秒にもなることが判明した。

そこで、我々は新しいスタート方式として「蹴り乗り方式」というものを提案した。これは、自分の走れるギリギリの速さまで押すのではなく、その90%ぐらいの速さまで押して、残りの力で氷を蹴ってソリに乗り込む、というものだ。こうすれば最後にソリを引くこともなく、逆に棒を押しながら乗り込むことができる。こうして理論上はタイムが1秒以上短縮できることが分かった。

ボブスレー日本代表チームはこのスタート方式を採用し、練習を重ねて十分メダルが狙えるところまでレベルアップした。そして我々もかなり期待してオリンピック本番に臨んだが、残念ながら当日はコースの氷の激しい状態変化や滑走順の不運などが重なってメダルは逃してしまった。しかし、スタートダッシュだけみればトップクラスの内容だったといえる。

この蹴り乗り方式は、まさに無理が無駄につながることに気がついて生まれたアイディアといえる。全力で無理して押すと、乗り込む瞬間ソリを手前に引いてしまい結果的に損をする。少し余力を残して乗り込むというのは、まだ押せるのに無駄なような気がしてしまうが、そのマイナス分を蹴り乗りでキャンセルしてプラスに変えてしまうのだ。

このようにスポーツの世界も、ゴールまでのリードタイム短縮、と考えると、無駄をどうとるのか、という発想はかなり有効だと思われる。

渋滞学と無駄

最後に渋滞学と無駄の係わりについて述べよう。以前に広告の話のところで余白が重要だと述べたが、この考えは渋滞学での「間が大切」という考え方と同じものだ。

車も人も集団で効率よく動くためには、適正な距離をとらなくてはならない。びっしり詰め過ぎるとまったく動けなくなるが、かと言ってお互いの間隔を空け過ぎてしまうと集団が間延びしてしまってよくない。効率的な流れを作り出すには、詰め過ぎも空け過ぎも無駄なのだ。

試しに道路の脇に立って、目の前を10秒間のあいだに通過する車の台数を数えてみてほしい。8台以上通過することはまずないことがわかる。混んでないときには車は速く動けるが、車が来る頻度は低いため、通過台数は少ない。逆に大渋滞しているときは、目の前に車がたくさんいるが、ほとんど動けないために通過台数でみれば同様に少なくなる。したがって、最適な間隔で走っている場合、この通過台数は最大になり、それが7、8台程度なのだ。

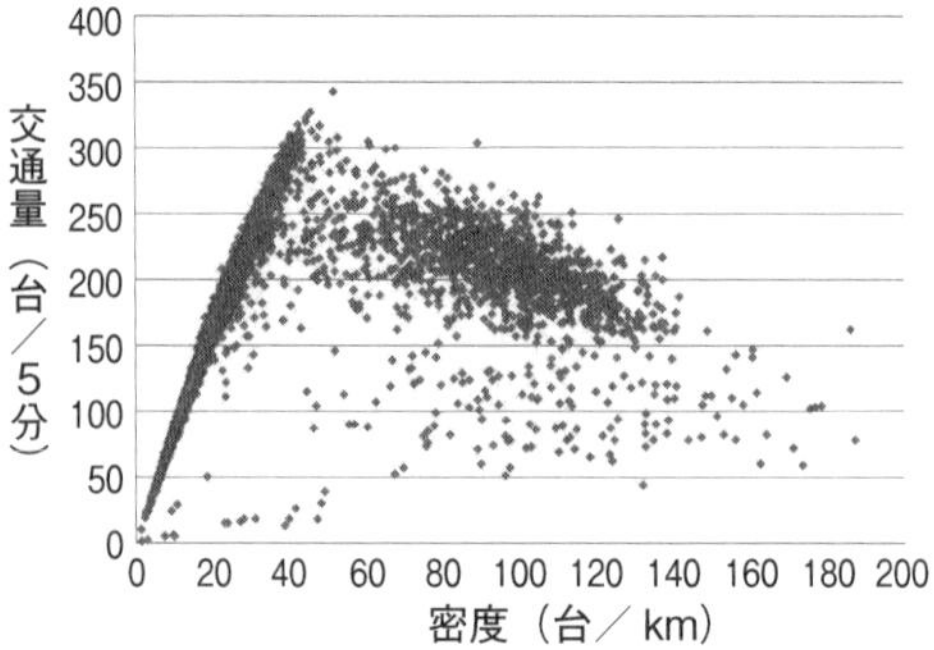

〈図３〉車の密度（横軸）と交通量（縦軸）の関係を表す基本図。東名高速２車線道路における実測データ。１車線あたり25台以上になると交通量が低下して渋滞になることが分かる。

目の前を通過する台数のことを交通量といい、また、最大の交通量を交通容量と呼んでいる。交通容量とは聞きなれない言葉だと思うが、文字通り道路が持つ最大の容量を表している。それでは実際のデータを見てみよう。〈図３〉は２車線の高速道路において、交通量と車の密度の関係を表している。縦軸は10秒ではなく、５分間当たりの交通量で描いてある。横軸は１kmあたりの車の台数、つまり密度で、この交通量と密度の関係図を「基本図」と呼んでいる。

基本図から、交通量が最大になる密度は、１kmあたり50台、つまり１車線あたり25台であることがわかる。そしてこのときの交通容量は、図より約３３０台と読み取ることができる。これは２車線で５分間の最大交通量なので、１車線あたり10秒間では約５・５台になる。私は日本やドイツの高速道路のかなりの地点でこの交通容量を調べたが、どこでも10秒間当たりおよそ５台から７台の範囲に収まっていた。

道路が最も効率よく使われている最適状態とは、この交通容量で流れている状態だ。それは、1㎞あたり25台なので、車間距離でいえば約40ｍになる。これ以上間隔を空けても詰めても交通量が低下するため、無駄なのだ。40ｍより詰めた高密度状態を渋滞学では渋滞と定義する。そして40ｍより空けて走っている状態は自由流、つまり渋滞していない状態だ。

この知識を運転手一人一人が持つことは、渋滞緩和にとても役立つ。まず、繰り返しになるが車間距離40ｍ以下に車を詰めても交通量が落ちるだけで良いことはない。人間は早く目的地に行こうとすると、どうしても気持ちが焦って前に詰めようとする。さらに隣の車線の車間距離が空いていれば、そこに割り込んででも前に進もうとしてしまう。そうすると、車間距離が詰まることにより、結局は遅くなって交通量が落ちる。詰めてしまうことで、本人も含めて皆が損をするのだ。したがって、この40ｍというものさし感覚をドライバーが持ち、この車間距離をうまく使って皆がなるべく一定の速度で走行するようにこころがけると、渋滞は劇的に緩和される。こういった知識を個人が持つことは、公共投資数百億円にも相当するぐらい大切なことなのだ。

またこの基本図は、渋滞現象を考える際のかなり強力なツールになる。車だけでなく、人でもアリでもこの基本図を描けば、いつ渋滞が発生するのかをきちんと定義することができ、また最適な交通状態がわかる。

それでは人間の流れはどれくらいの人口密度から渋滞するのだろうか。通常の歩行時の基本図を〈図4〉に載せた。この場合の交通量とは、道幅1ｍあたり1秒間にある地点を通過する人数のことを表している。さて、図によれば人口密度が1㎡あたり1・8人以上になると渋滞が発生

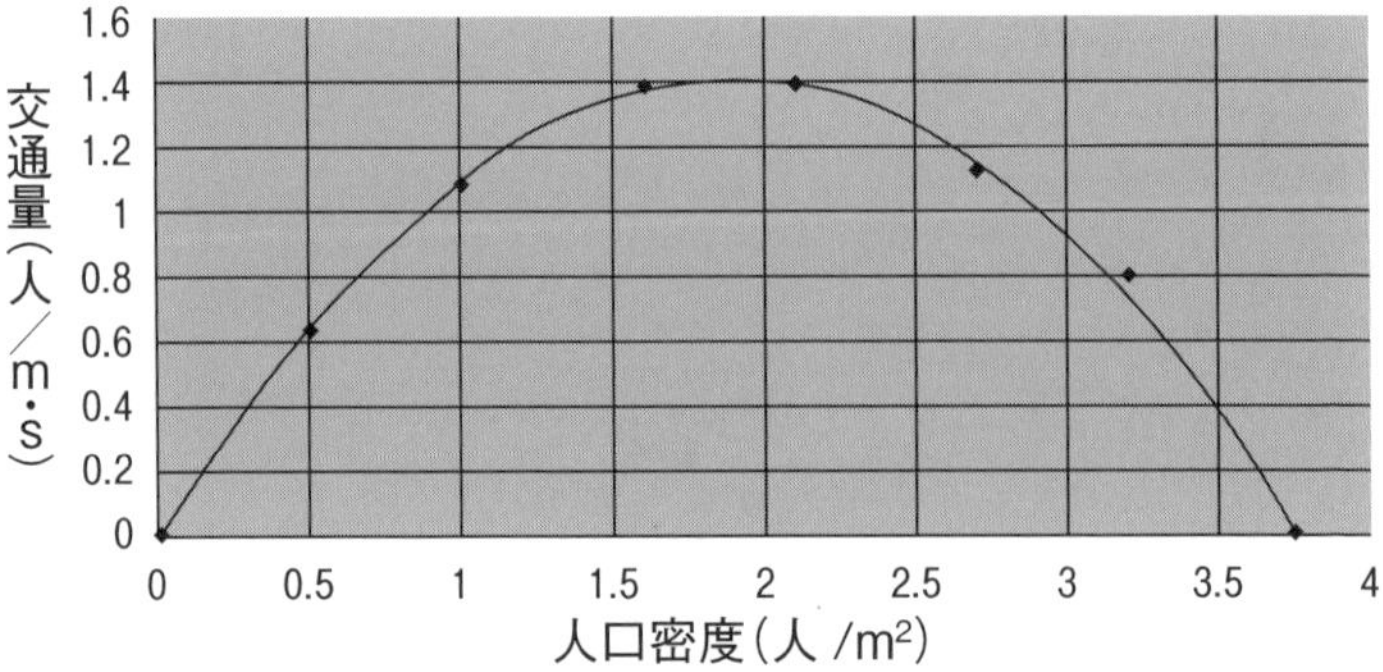

〈図4〉人口密度と人の流量の関係。点がデータを表しており、約1.8人/m²以上になると流量が低下して渋滞することが分かる。

することが分かる。そして歩道の交通容量は、1mあたり1秒間に約1・4人になっている。さらに3・75人/㎡以上の人口密度になると、交通量がゼロ、つまりまったく動けない状態になっていることが分かる。

この結果は特に災害時の避難を考える際に重要になる。人は気持ちが焦っている時には、とにかく前に行こうとして詰めてしまうが、そうすると人口密度が1・8人/㎡を上回って交通量は低下する。これは例えば部屋から避難するときには、全員が逃げ終わる時間がよけいにかかってしまうことを意味している。つまり焦って詰めるほど逆に時間がかかって皆が損をするのだ。ここでも車と同じことがいえる。この1・8人/㎡とは、前に歩いている人の位置に自分が行くのに約1秒かかる程度の間隔だ。皆がこの「1秒ルール」を意識し、前に詰め過ぎず、また間を空け過ぎずに避難することが理論上最も早く退出できるのだ。

以上より、車でも人でも適当な間が大切で、これを皆が知ることで流れの無駄を排除することができる。

第6章　無駄と資本主義経済

3Rとその問題点

これまで無駄とは何かから始まって、身近な無駄の例を中心に話をすすめてきたが、最終章ではもう少し大きなスケールでこの問題を論じてみよう。

先日、台湾へ観光旅行に行った。台北市内を回るため地下鉄に乗ったのだが、その切符がプラスチックのコイン状になっていたのには感心した。紙の切符の場合はもちろん使い捨てだが、これならば何度も再利用できる。

日本の切符は紙でできているが、現在そのリサイクルが進んでいる。切符の裏面には鉄粉が塗られているが、これをうまく分離する技術が開発され、紙の部分がトイレットペーパーや社員の名刺などに生まれ変わっている。JR東日本では、2002年度の使用済み切符760トンのうち、なんと99・9%がリサイクルされたそうだ。しかしこのような紙の再生には様々なコストがかかってしまう。それに比べてプラスチックのコインを繰り返し使うのはシンプルで優れた方法である。

最近は、循環型社会を目指すための3Rという取り組みをよく耳にするようになった。これは、リデュース（削減）、リユース（再利用）、リサイクル（再生利用）の略で、1999年に通商産業省（当時）の報告書「循環型経済システムの構築に向けて」に盛り込まれたキャッチフレーズだ。

まず「リデュース」とは、廃棄物そのものを減らすことを意味している。製品を作る際、無駄のないように資源を利用し、そして製品の寿命自体も長くする取り組みのことだ。

次の「リユース」は、使用後の製品を回収し、必要に応じて補修して再使用することを意味している。また、部品の一部のみを取り出して再び使うことも含まれている。

そして最後の「リサイクル」は、回収した製品を様々な技術を使って再資源化し、他の原材料として利用したり、また、製品を焼却するときに発生する熱エネルギーを他に利用することなどを含む。

そして、この三つのRの順序が、そのまま優先順位を表している。つまり、ゴミ自体を減らすことが何よりも重要で、その上でなるべく再利用を考え、最後にコストをかけてリサイクルをしていくのだ。先ほどの切符の例では、プラスチックコインにすることはリユースに相当し、紙の切符をトイレットペーパーなどに変えるのはリサイクルだ。そして廃棄物の発生をリデュースしているのが、JRのスイカやイコカ、地下鉄・私鉄のパスモなどのICカードによるチケットレス化だ。現在ではこのICカードの普及がすすみ、おかげで使用済み切符・定期券の量は大幅に減少している。

リユースやリサイクルをするには、そのコストの問題も同時に考えなくてはならない。廃棄された製品を回収し、そして補修や再資源化をして再び販売するまでにかかる総費用が、新品を製造するコストより高ければ、誰も動いてくれないだろう。

こうした3R運動の推進は、ボトムアップ的にすすめていくのは難しく、トップダウン的な規制をかけつつ、さらに何らかの公的な補助が必要だろう。これは経済学的には、市場機構が万能とするアダム・スミス的な自由放任ではなく、ケインズ的に政府の介入によって市場機構を補う必要がある、ということを意味している。経済学では長い間このボトムアップ派とトップダウン派の二大派閥があり、環境問題などに関しては、どうしてもボトムアップ派は不利になるようだ。

ただし、江戸時代には様々なものが確かにボトムアップ的にリユース、あるいはリサイクルされていた。それは、廃棄物を回収して修理、あるいは再生利用するコストが、新品を製造するコストより低かったため市場機構が働いていた、と考えることができる。少し例を挙げよう。

まず、回収業者として、下肥《しもごえ》問屋というものがあった。これは人の排泄物を集め、農家に肥料として売る商売で、いわば人糞の商社である。排泄物には窒素やリンなどが豊富に含まれ、それだけですばらしい有機肥料になる。臭いさえ気にしなければ、極めて安価にリサイクルが可能だ。

また、紙クズ買いといわれる古紙回収業者もいた。集めた紙は、ふすまの下張りに使われたり、溶かして再び紙にすることも行われていた。ただしその再生紙は、当時は墨を抜く技術がなかったために灰色をしており、トイレットペーパーとして使われていた。現代では我々は白いトイレットペーパーに慣れてしまったが、コストをかけて白にする必要は本当にあるのだろうか、と考えさせられる。その他にも、リユースとして、古着屋や、鍋などを修理する鋳掛《いかけ》屋というのもあった。

このような商売を考えると、リユースやリサイクルを妨げているのは、もちろんビジネスとして成立するかどうかもあるが、我々の「新しいもの」「きれいなもの」を好み、「古いもの」「汚いもの」はあまり使いたくない、という嗜好も大きく影響していると考えられる。「中古品や古いものは汚い」というイメージがあり、「汚いのはイヤ」という心理が3Rを遠ざけている。

昔は江戸の街で流通している着物の大部分は古着だったといわれている。今では想像すら難しいが、使い古しの服を皆が普通に着ていた時代が日本にもあったのだ。ちなみにドイツでは今でも、古く歴史を感じさせるものが新しいものより好まれる傾向がある。例えば、住居では木組みの古い家に大変人気があり、北部のツェレという街は、北ドイツの真珠ともいわれているほど美しい木組みの家が立ち並んでいる。この街には最も古いもので、1526年に建てられたものがあり、1600年代の家も多い。

ヨーロッパ経済の中心地であるフランクフルトに最新鋭のビルが建ったというニュースがテレビで流れたとき、私が滞在していたケルン大学の研究室のドイツ人学生全員が思わず口にした言葉が、「シャーデ!」であった。これは「残念!」という意味だが、このように古い街並みを壊して新しい高層ビルに再開発することに対する抵抗感はドイツでは極めて強い。この反応は今の日本人とまったく逆ではないだろうか。このような心理的な視点を忘れて経済政策だけで3Rを進めようとしてもなかなかうまくいかないだろう。

無駄に敏感になろう

せっかく作ったものでも、ゴミ箱に捨ててしまえばそれはゴミになる。捨てるものは何もない、という心構えを一人一人が意識しないと無駄はなくならない。そのための方法として、ゴミを捨てる場所を少なく、そして小さくする、というのが効果的だ。ゴミの置き場所を少なくして、ゴミを出さないように抑制していく。これはトヨタ生産方式でも使われている方法だ。例えば我が家では、燃えないゴミ専用のゴミ箱は台所にしか置いていない。そうすると一番感じることは、過剰包装によるフィルムやラップの多さだ。何か品物を買うたびにこのゴミが増えていく。実際に環境省の調査でも、家庭ゴミ全体に占める容器包装廃棄物の割合は容積比で58％を占めている。このように捨てる場所を少なくしてみると、無駄にかなり敏感になってくる。

さらにゴミ自体ももう一度見つめなおしてみよう。すると、その新しい再利用、あるいは再生利用方法はアイディアしだいでいくらでもあることに気がつく。例えば、食品加工工場で捨てられていた梅干しの種を炭化させ、それを利用して防カビ効果のある再生紙を作ったり、貝殻を砕いて横断歩道の白線に混ぜることで、歩行者の滑り防止に役立てる、などといった取り組みがすでになされている。自動車関係では、不要になったシートベルトや座席からカバンを作ったり、また溝のなくなったタイヤの表面に、溝付きのゴムシールを張り付けて再利用する取り組みもある。パソコンについても、内部を分かりやすくユニット化し、古い部分のみを順次取り換えていけばよいのだ。

このようなアイディアは、無駄を何とかしてなくしたい、という気持ちが強ければ誰でも考えつくチャンスはある。逆にただ漫然とゴミを見ているだけでは直観力は働かず、ゴミと他のものを結びつけるアイディアは出てこない。また、論理的に考えてもこのようなアイディアは生まれないのは明らかだろう。いつも無駄に対して敏感で、なんとかゴミ箱の中身を減らしたいと考えている人だけに直観の女神は舞い降りてきて、この思考のジャンプが可能になるのだ。そして皆でこうした知恵を共有していくことも大切だ。

現在、日本全体への資源のインプット総量のうち、再生資源を使っている割合は14%にすぎない。これを今後は少しでも向上させていかなくてはならない。あんこうという魚は捨てるところがない、といわれている。その身、皮、肝、ヒレ、エラ、卵巣、胃のすべてが無駄なく、そして美味しく食べることができる。このあんこうを見習った、ゴミの出ない製品作りを各企業には取り組んでいただきたい。

争奪ゲーム

資源は無限にあるわけではない。いま我々は、せっせと地球から様々な資源を掘り出しているが、それらはいつか無くなってしまうことは間違いない。ではいつ枯渇するのだろうか。

『世界鉱物資源データブック』という専門書によれば、可採年数は金は20年、銀19年、銅30年、そして鉄はなんと71年だそうだ。将来はオリンピック開催も危うくなりそうだが、とにかくこの数字だけを見ると愕然としてしまう。ただし可採年数とは、埋蔵量を現在の生産量で割ったものなので、埋蔵量をどう見積もるのか、あるいは将来の新たな産地の発見や生産量の増減などでいろいろと変化する。また、農業用肥料に必須のリン鉱石の可採年数は１００年だが、今後の食料需要増加により枯渇がかなり前倒しになることが指摘されている。

最も気になるのがエネルギー資源の可採年数だ。現時点で、石油が40年、天然ガスが70年といわれている。特に石油に関しては社会に与える影響が大きいため、これまで様々な議論がなされてきた。ここではその詳細には深入りしないが、既に石油生産がピークを越えて減少に転じている国は、アメリカ、イギリス、オーストラリアなど世界で60カ国以上にのぼる。この生産量のピークアウトに並行して、石油の新たな発見量をはるかに上回る量を人類は採掘してきている。現在はその生産量は発見量の３倍以上だ。するといつかは世界の石油生産が伸び続ける需要に追いつかなくなることが起こる。これを「ピーク・オイル」と呼んでいるが、これがあと10年を切っているともいわれている。

このように有限な資源をどのように皆で使っていくのか、という問題は大変難しく、また根本的な問いだ。これは別に地球規模で考えなくても、身の回りでも似たような例はたくさんある。3人兄弟の家庭でショートケーキが二つしかないときに、どうやってケーキを分ければよいだろうか。また、共同マンションの屋上に家庭菜園のスペースを作ったが、その場所をマンションの住人でどのように分ければよいのか。

このような利害の一致しない人々の間での合理的な意思決定や資源の配分方法などを研究する学問として、ゲーム理論というものがある。これは、天才数学者フォン・ノイマンと経済学者であるモルゲンシュテルンが創始した理論で、1944年に出版された彼らの共著『ゲームの理論と経済行動』（東京図書、原題：Theory of Games and Economic Behavior）で初めてその内容が世に知られるようになった。数学的には大変美しい理論なのだが、残念ながらこの理論を現実に適用しようとすると、いろいろと問題を生じてしまうことが分かってきた。

それは、人間は常に合理的に振る舞うわけではなく、むしろ現実の取引では非合理的な行動をとる人の方が多いからだ。実際にゲーム理論の実験的検証が数多くおこなわれてきたが、人間行動の経済的合理性を支持する結果が得られないものも多い。これは、個人が合理性を追求し過ぎると、その人が環境の中で生きているという社会性を損なう可能性があるからだ。理屈では相手から徹底的に資産を吸い上げることが可能でも、実際には困っている他人に対して手加減をしたり、逆に援助することさえもある。これは日本において敵対的企業買収が世論で辛辣に悪者呼ばわりされることからもわかるだろう。こうした反省から行動経済学が誕生し、完全合理性でなく限定合理性を持って振る舞う人間を対象とした研究が現在進められている。私は、有限な資源の分配問題の根底で重要な役割を持つものは、合理性や論理的なものではなく、この他人の痛みへの思いやりのような人間的要素ではないか、と考えている。利己主義ではなく「利他主義」的な行動がどうやって生まれるのか、を研究することが、この難問を根本的に解決する道だと信じている。これはまた最後に考察しよう。

食料問題

我々は食べ続けなくては生きていけない。食料問題というのは、我々の生命に直接影響している最重要課題の一つだ。また、医食同源という言葉もあるとおり、食料と医療の問題は密接に関わっている。さらにこれは人口問題とも関連している。1970年に比べ、2005年で開発途上国の人口は倍になり、世界全体でみると小麦の需要は約2倍、大豆の需要は約5倍に膨れ上がっている。この需要の伸びに比べて、供給の伸びは鈍化していて、さらに世界的に見て土地の砂漠化も進行しており、農地が少なくなってきている。

先日、カンロ株式会社の中原靖生会長とお話しする機会があり、そこで食品がいかに無駄に廃棄されているか、という話を伺い、大変心を動かされた。少しその衝撃的なデータをご紹介しよう。

まず、日本での食料の廃棄量は年間約2200万トンである。この内訳は、食品関連事業者から排出される分と家庭からの分がそれぞれ約半分ずつになっている。ただし、食料廃棄といった場合、例えば魚の骨や枝豆のさやなど食べられない部分も含まれる。そこで、本来ならば食べられるのに捨てられた量、つまり食べ残しや賞味期限切れによる廃棄などはどれぐらいあるかといえば、500万~900万トンになるそうだ。

農林水産省が行った外食産業での食べ残し割合の調査では、結婚披露宴が最も食べ残しが多く、料理の22・5%が無駄になっているそうだ。次いで宴会が15・2%、宿泊施設が13%となっている。家庭で捨てられてしまう量は、2006年の調査でその食品使用量の3・7%に当たることが分かった。

コンビニから出る売れ残りの食品は年間で約60万トンにもなる。人は1食で約500グラムを食べるとすると、毎日約300万食分の食事を捨てていることになる。コンビニ業界2位のローソンは、その廃棄量は年間約400億円で、これは同社の経常利益とほぼ同じ額である。

このように廃棄が多いのは、その販売戦略だけでなく、賞味期限切れの基準が厳しく設定してあることも原因となっている。例えばコンビニのおにぎりは、持ちかえって食べることを想定しているためにこの期限の2時間前に廃棄処分している。

賞味期限については、最近特に過剰なほど気にしすぎているように思える。以前は製造年月日だけが表示されており、いつまで大丈夫かは消費者が経験的に判断していたのだ。それが冷凍技術や輸入食品の増加などにより、経験的な判断が難しくなってきたため、この期限表示が食品衛生法等で義務づけられるようになった。しかし、それを一律にあらゆる食品に適用する必要はないし、食品によっては製造年月日表示だけのものもあってよい。これだけでもだいぶ破棄の無駄は少なくなるし、少なくとも私は期限表示よりそれがいつ作られたのかの方が知りたいと思っている。私自身は、自分の目と嗅覚を頼りに、賞味期限を1カ月過ぎたクッキーでも自分で問題がないと判断すれば食べている。

いま世界の国々では、飢餓で瀕死の状態の人が8億人もいる。これは世界の人口の8人に1人の割合である。一方で、このように食料が余って捨てているところもたくさんある。このような資源の偏在の問題も大きな無駄の一つだ。英語で、Waste not, want not. という諺があるが、これは、無駄がなければ不足もない、という意味だ。どこかで無駄にしているために、不足するところも出てきてしまう。

日本は、食料自給率が39%と極めて低いにもかかわらず、このような大量廃棄をしているのはやはり異常ではないだろうか。わが国の食料輸入総量は約5800万トンで、国内生産分を合わせると国内には約9000万トンの食品が流通している。その2割以上が捨てられているということは、捨てるために輸入しているようにも見えてくる。そして日本が捨てている量は、この困っている8億人に対して各国が食料援助をしている総量の約3倍にも相当している。この無駄はまったく馬鹿げている。

精進料理の心

例えば、江戸時代からある天ぷらそばでさえも、日本は現在その食材の8割を輸入に頼っている。我が国のこの食料自給率の低さは、主要先進国の中でも際立っている。アメリカやフランス、カナダなどは自給率は100%を超えているし、ドイツでも84%である。日本は特に野菜に関して、その国内消費量の6割を中国という一つの国からの輸入に頼っている。これは大問題で、将来にわたって安定供給されるかどうかは疑わしい。その理由の一つが、中国の人口問題である。中国の現在の人口は13億人だが、20年後には16億人になるといわれ、新しく日本が二つ分増える計算になる。すると、中国国内での深刻な食料不足も懸念されるので、日本への輸出どころではなくなってくる可能性がある。リスク分散を考えれば、何でも1国からの輸入に依存するのはよくない。

もしも食料輸入が大幅削減あるいはなくなってしまったら、国内生産を増やすことでこれまでの食生活を維持できるだろうか。それは不可能で、農林水産省の試算によれば、そのためには国内の総農地面積の3・5倍の農地が必要になるのだ。しかも現在ある農地すら有効利用されていない。将来は人口減による食料自給率の向上も考えられるかもしれないが、いずれにしろ近い将来に国産食材のみで食事をまかなっていかなくてはならない時代が来たら大変である。この場合、芋などを中心とした精進料理のようなメニューにならざるを得ない。そして、現在の国内生産量を人口に当てはめてみると、味噌汁は2日に1杯、卵は7日に1個、肉は9日に1食程度になるそうだ。幸いにも米だけは自給率100%なので、ご飯食が中心となる献立が組まれる。

仏教の修行ではあたりまえの精進料理は、高カロリーの食事に慣れてしまった人にはだいぶ物足りないだろう。

そこで、このような時代の到来に備えて、仏教における食事について、その考え方に触れておくのも有意義だろう。仏教においては、食事は作る人と食べる人の両方にとって大事な修行の一環だ。まず作る側は、どんなに材料がなくても手を抜くことはなく、限られた食材を大事にして工夫をこらし、心を込めて調理をする。食材そのものの味を生かし、その食材に感謝し、そして食事を作る喜びと、人をもてなす喜びを同時に心に感じるのだ。そして食べる側の修行僧は、その心を受け、食べる前に五観《ごかん》の偈《げ》というものを唱える。これは、

①出された食事が出来上るまでの手間と労力を思い感謝しよう。
②自分はこの食事をいただくのに値する正しい行いをしたか反省しよう。
③食事をいただくのは心を正しく保つためで、決してむさぼらないようにしよう。
④食事は体を養う良薬だと思っていただこう。
⑤修行を成就するという目標の為に食事をいただこう。

という五つの内容だ。

これを見て分かる通り、質素な食事を決して我慢して耐え忍んでいるのではない。むしろ感謝しているのだ。我慢しなければならない、と考えてしまうと、このような食事を続けていくのは難しいだろう。人間は心の持ち方一つで大きく変わることができるのだ。したがって食料問題を考える際にも、やはり人間的要素がその解決の重要な鍵を握っている。

資本主義と利子

2007年の日本の経済成長率は、1・6%で、その前の年に比べて0・9%も低下した。経済成長率とは、付加価値の総額の伸び率を表したものだが、この数字は新たに国内で生み出された付加価値の伸びが鈍化したことを意味している。

逆に経済成長が期待されている新興国として、BRICs(ブラジル、ロシア、インド、中国)がある。さらに最近はこれにインドネシアと南アフリカを加えてBRIICSと表記しようという提案もある。しかしこれらの国も、2008年1月に起こった米国のサブプライムローン問題と無関係ではなかった。中国銀行がサブプライム関係の証券を大量保有していたり、またインドのムンバイ証券取引所の主要銘柄が急に大幅安になったりと、大きく影響を受けたのだ。さらに中国は既に成長率のピークアウトの兆しをみせていて、2007年より2008年の4—6月期は経済成長率が低下したことを前に述べた。

アメリカの景気が後退しても、それとは無関係にこのBRICs諸国が世界経済の成長を牽引する、と信じられていたが、それが大きく揺さぶられたのだ。つまり、世界はあらゆる国が相互に関連したシステムとなっているため、どこかを独立させて切りだすことができなくなっている。グローバル化が進んだ現代の経済システムは、一蓮托生の様相を呈してきた。

経済成長という言葉には、「成長が善である」というニュアンスが込められているように思える。それが当たり前のように考えられているが、果たして本当にそうだろうか。

経済評論家の多くは、経済成長率の低下を問題視し、いかに景気を回復して3％台にするか、などという議論を展開している。しかし年3％成長とは、ちょっと計算すれば分かるが、23年で経済が2倍近くになることを意味している。中国のように年10％成長にもなると、たった7年で経済は2倍になるのだ。しかし我々は食べる量や着る服の量を2倍にできるだろうか。今より2倍の労働時間、2倍の購買量、2倍の資源採掘、どれをとっても実現できそうもない。

私は、持続可能な社会をめざすという長期的な目的のもとでは、この経済成長という考え方はそもそもおかしいのではないかと思っている。短期的には正しそうに見えても、それは長期的にはマズイこともあるのだ。まさに部分と全体の最適化のズレがここにある。

1972年にローマ・クラブが出した有名な報告書『成長の限界――ローマ・クラブ「人類の危機」レポート』（ダイヤモンド社、原題：The Limits to Growth）は、世界中で賛否両論を巻き起こした。そこには、このまま人口増加や環境破壊が続けば、今後100年以内に人類の成長は限界に達して世界は危機に陥る、と書かれてあった。そしてこの破局を避けるためには、資源は無限にあるというような成長経済の考え方を見直す必要があるとした。

しかし当時の日本は高度経済成長期であり、このような警告はまったく実感がわかなかっただろう。また、将来は必ず技術の進歩があり、これが問題を解決してくれるだろうという楽観的な見方もあった。

しかし現在、資源の不足は前述の通り現実のものとなった。私はこのままではローマ・クラブの予言よりも早く破局が訪れるのではないか、という気がしている。技術革新があれば少しは時間稼ぎにはなるだろうが、それでも本質的な解決にはならない。自らの資源を食べることで成長するならば、成長そのものを止めない限り、いつかは資源を食い尽くしてしまうのは当たり前の話だ。

ドイツの児童文学作家であるミヒャエル・エンデもまた、現代社会の物質主義とその経済システムに関して批判をしている。彼は特に資本主義社会の「利子」というシステムの問題点を指摘した。ベストセラーとなった小説『モモ』(岩波少年文庫、大島かおり訳)の中でも利子を話題にしている。この本には、灰色の男たち、という時間泥棒が登場する。彼らは、時間を貯めれば利子がついてさらに時間は増えていく、といって人々を惹きつける。そのため、人々は余暇を楽しんだり親の世話をするなどの大切な時間も忘れて、時間の貯蓄に走ってしまう。時間を増やせば幸せを手に入れられると信じたのだ。しかしそれは幻想であることに気がつく。

この本では、時間をお金に置き換えて読んで欲しいとエンデは考えていたに違いない。もちろん時間は増えるはずはない。したがって、お金が自然に増えていく利子というシステムもまたエンデはおかしいと感じていた。お金の量が一定だとすると、自分のお金が増えた分だけ、必ずどこかで搾取が起こっているのだ。そしてお金を持てば持つほど利子の分だけさらに増えていくので、逆にどこかでは帳尻合わせで減っていかなくてはならない。このように利子はお金の偏在を増長していくのである。

もしもお金が無限にあれば、このような偏在はあまり問題にならない。限られたものを奪い合うから偏在が出てくるのだ。そしてこれは、個々人の間で格差を生みだしてしまう。現在日本では、平均所得の半分以下しかない貧困者は全体の15・3％という高い率で、また全体の約23％は貯蓄がゼロという驚くべき事態になっている。逆に金融資産を1億円以上持つ人は、100人に1人程度の割合でいる。

皮肉なことにこの偏在の無駄が資本主義を支えていると考えることができる。したがって、皆が幸せになることと右肩上がりの経済システムとは、もともと矛盾しているといえるのだ。消費しつづけて成長しなければならないのが資本主義社会で、こぎ続けていかないと倒れてしまう自転車によく似ている。そして倒産や失業、財政赤字など、様々な問題は経済成長があれば解決するものばかりだ。それは成長を前提に作られている社会だから当たり前で、それゆえに短絡的に経済成長率を上げることに躍起になるのだ。

利子があるかぎり、借りた人はそれ以上の金額を返済しなければならない。そのため、労働者は今以上にたくさん働かなければならないし、経営者は製品を無理やり売ったり、また製品の価格をつり上げようとするかもしれない。これらの行為はすべて付加価値を上昇させ、そして成長率を引き上げる。何だか経済システムという魔物のあやつり人形になって動いているようだ。

ここにも無駄を生むメカニズムが潜んでいる。まず、売買が成立しないとお金は動いてくれない。そこで飽和した資本主義の需要を掘り起こす一つの方法は、人間のわがままに答える、というものだ。そしてこれがまた無駄を生んでしまう。

例えば、我々は商品を注文したら、すぐにでもそれが欲しくなる。そして売り手は物流を改善させ、トラックをより頻繁に動かすことでこのニーズに対応しようとする。すると、例えば何でも翌日に配達します、というサービスができる企業に人気が集中し、他社もそれを真似ようとする。しかしこれは社会的に見れば、道路の渋滞を増長し、CO_2の排出を増やす、という環境問題を引き起こしている。

スーパーで買い物をしているときに、もしも子供が「あれすぐに欲しいよぅ」と言ったら、「そんなわがまま言うんじゃありません」と親は叱るだろう。大人の社会もそうあるべきではないだろうか。真に必要なサービスでなければ、それは社会に何か無駄を生み出してしまうのだ。

他にも、例えばバリアフリーや生活便利グッズというものがある。これはもちろん使う人がより便利になるように考えられたものだが、逆に人間が本来持つたくましさをなくすことにもつながるのだ。バリアフリーの家に作り替えると、短期的には楽で安全になるが、足腰の衰えは逆に早くなってしまった、という事例もある。これではせっかくのインプットが長期的にはアウトプットを低下させ、無駄を生みだすことになるのだ。

そういった意味で高度資本主義社会においては、無駄は必要悪になっているといえる。消費社会が資本主義を支えているため、過剰なサービスを提供して需要を喚起し、そしてそれが無駄を発生させている。マネーが資本主義の血液ならば、無駄は資本主義の脂肪のようなものだ。

人類は賢いと私は信じている。したがって、自分の子孫の代まで責任を持ち、長期的に社会を考えている人はたくさんいるはずだ。長い目で見れば、この経済成長というのは確実に無理があるため、右肩上がりでない社会を我々はこれから皆で知恵と力をあわせて構築していかなくてはならない。それが環境問題への最終回答なのだ。

振動型の経済

果たして利子のない社会、そして右肩上がりでない社会というのは可能なのだろうか。実はこの問題を論じてきた人が40年以上も前にいた。

1966年、アメリカの経済学者ボールディングは「来るべき宇宙船地球号の経済学」という論文を発表し、地球は無限の資源の貯蔵庫でなく、宇宙船のように限られた資源しかないため、その中で循環的な生産システムをつくりあげるべきだと主張した。また彼は、1974年にはその考えを発展させて『ゼロ成長の社会』（日本生産性本部、1980年）という本も書いている。

これらはその後、成長を前提とした経済学と逆の潮流を生み出し、環境経済学という分野ができていくことになる。例えばドイツの経済学者シューマッハが『スモール・イズ・ビューティフル——人間中心の経済学』（講談社学術文庫、1986年）を著し、さらに米国の経済学者デイリーは『持続可能な発展の経済学』（みすず書房、2005年）の中で、拡大社会でなく、適切な大きさを保った社会という理想像を唱えた。

実はもともとアダム・スミスから始まり、ジョン・スチュアート・ミルが集大成した古典派経済学では、資本主義はいつまでも成長するのではなく、いつかは成長が止まり定常状態に落ち着く、ということをちゃんと看破していた。それは、当時は農業を基盤とする社会で、農地が有限の大きさしかないため、いずれその物質的な制約が効いてくると考えたのだ。しかし産業革命の後、人間はこうした自然界の制約条件から自由になっていく。高度技術による工業化、そして情報化の道を突き進んできた。こうしてその後200年にわたる成長経済の道を歩んだが、いまその成長が鈍化してきたことで、再び制約条件下での定常社会という考えが注目されてきたのだ。

歴史を振り返ると、日本も江戸時代には長い間ほとんど食品などの物価は変わらず、ゼロ成長だった。その理由に、鎖国をしていたために輸入に頼ることなく国内での自給中心だったことが挙げられる。また人間の精神面では、士農工商の身分制度と武士道の精神により、忠義、孝行、仁慈などを重んじ、私欲を忌み、富貴よりも名誉を重んじる風潮があったことも大きい。

利子に関しては、中世ヨーロッパでは旧約聖書の教えに従い、その導入は禁止されていた。その後、教会が利子を認めたことでヨーロッパに大きな経済成長がもたらされた。しかし今はCO_2排出権取引制度をいち早く導入し、逆に経済抑制に転じているといえる。

イスラム圏では今も昔も利子は禁止されている。イスラム教の聖典コーランには利子禁止が明記してあり、また先物取引など投機的なものもすべて認められない。利子がなくては銀行などお金を貸す業種が成り立たないように思えるが、そこはうまく運用することで、コーランに背かずに利潤を出している。例えば住宅の場合、家を買いたい人の代わりにまず銀行が不動産会社から家を買う。そしてその人は利子に相当する金額を上乗せして銀行に分割払いする。払い終われば所有権が銀行からその人に移る、というシステムだ。これはお金を貸して利子をとっているわけではないと解釈できるため、コーランに違反してはいない。しかしこの例で分かる通り、イスラ

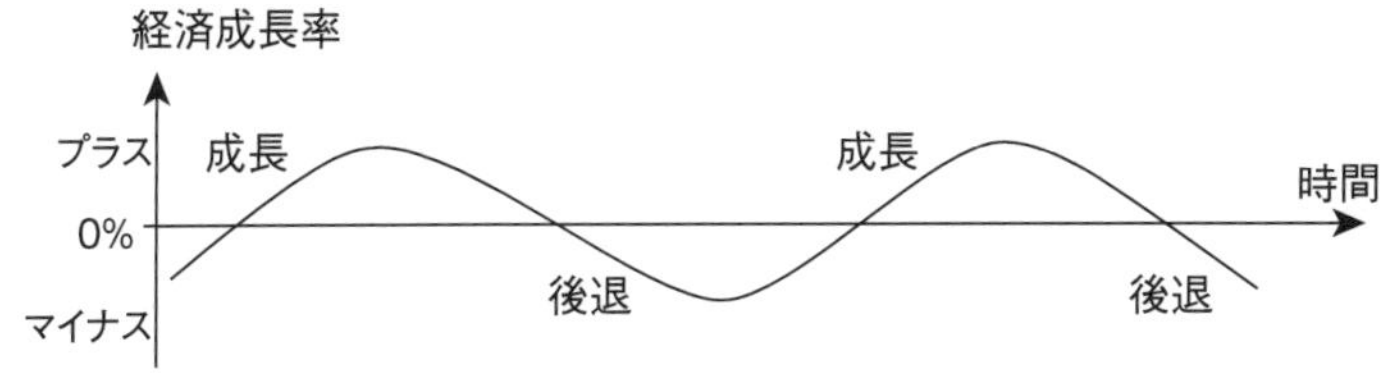

〈図1〉振動型経済成長率のグラフ。プラスとマイナスを例えば1年ごとに繰り返すような社会だ。

ム金融は利子を別の形態に置き換えただけに過ぎない、という批判があるのも事実だ。

このように、理想論でゼロ成長、そして利子なし、ということはできるが、実際にこの理想を達成するのは難しい。ゼロ成長社会とは、誰かが得をすれば誰かが損をすることになり、そのため、個人がチャレンジ精神を無くして社会の創造性が衰退していく暗いイメージがつきまとう。

それでは成長や変化も少しはありながらも、全体としては成長しないという、相反する要素を持った社会は作れないのだろうか。

数学や物理学などでは、将来予測をする際には、微分方程式という道具を使う。これにより、一般にシステムが将来どのようになるのかのパターンを分類することができる。この一般的な理論によれば、将来は、いずれ一定の状態に落ち着くか、もしくは無限に増え続ける以外に、もう一つのパターンがある。それは、「振動状態」だ。そこで、振動型変化を保ったまま推移する経済というものを考えてみよう〈図1〉。

この経済では、平均的には成長率はゼロだが、ある時はプラスで、ある時はマイナスになるのを周期的に、かつ安定的に繰り返している。

ただしこれは単なる景気の大循環というものではなく、半年、あるいは1年程度の周期の自然にコントロールされた変動だとしよう。つまりある時は発展を謳歌し、ある時には冬の時代を迎える。まったく動きのないゼロ成長の定常状態ではなく、少し動きがあることにより、メリハリができて人間らしさのある社会が保てるのではないだろうか。経済が後退するときもあるが、それはまたいずれ訪れる成長によりキャンセルされる。この周期的な波は、飴と鞭、あるいは希望と忍耐、または競争と互助、などいろいろと言い換えることができる。さらに後退時に皆が苦労をともにすることで、人間同士の絆も深くなる効果も期待できる。

こうした考えは無謀なのか、人類を救う希望になるのかは現時点では分からない。とにかく今はこの人類最大の難問に対して、皆が知恵を出し合って議論していかなくてはならない。もう社会は待ったなしの状況にあるのだ。

人間の欲望のコントロールは難しい。質素な暮らしをしなさい、と言うのは簡単だが、実際にそうするのは容易ではない。ましてやそのような状態をずっと保ち続けることは、かなりの精神力を要求される。人間は時には笑い、そしてささやかな贅沢を楽しみたいと考える。こういう幸せな時間があれば、苦労も耐えられるし、さらにその苦労のおかげで幸せがより強調される。人の心とうまく呼応する社会でないと、人間は幸せに生きてはゆけないのだ。

科学者は、自然界のダイナミクスには無駄がないということを知っている。それには、「最小作用の原理」という名前がついていて、この原理がすべての力学現象、つまりものの動きを司っている。例えばものを落とすと真下にまっすぐに落ちる。なぜまっすぐに落ちるのだろうか。それは、くねくね曲がって落ちるのは無駄な動きになっているから、と解釈することができるのだ。これまでの無駄についての考察どおり、最適なものとのズレがあれば無駄になる。最適なものとは、まっすぐ落ちるルートを意味している。少し高級な概念だが、この最適な動きのときに「作用」といわれる自然界のコストが最小になり、しかもそれが自然界で実現される動きである、というのが最小作用の原理だ。神は無駄をしない、ともいわれる原理だが、自然現象には無駄はない。そうなると無駄を作り出しているのは我々人間だ、ということになる。

もっともそれは必要悪の部分もあり、何が最適かを見出すのも難しく、無駄かどうか自体も各人が投入と効果を比較して決める主観的な問題でもある。社会現象において最適を見出せる最小作用の原理なるものはまだ知られていないため、無駄については現時点で自然科学のような精密理論が作れない。

しかしこれまで述べてきた通り、人間には素晴らしい直観力がある。これが最小作用の原理の代わりになり、最適に迫っていくことができるのだ。

「組み合わせ」と「すり合わせ」

直観力は経験によって磨かれる。本で読んだ知識だけでは、知恵は生まれないことを述べた。知識と経験の両方が伴っている人は強い。何事も事前に検討し過ぎると、リスクが強調されてでしまい、やらない方がいいという結論になってしまう。また、誰かが経験してうまくいったところだけを教えてもらえば効率がよい、と考えている人には一生知恵はつかない。たとえ失敗しても、挑戦した人には多くの知恵が身についているのだ。知識は頭で覚えるものだが、経験とは体で覚えるものだ。この二つをバランスよく鍛えることで、自分なりの「型」ができあがってゆく。

そして直観力が最もその威力を発揮するのは、部分でなく全体を見渡すときだ。この身近な例として、増田屋のユーカスという不思議な玩具を紹介しよう。

これは、磁石のプレートの上にコマを浮かせるだけの単純な遊びだが、意外に奥が深い。コマを浮かすことができるのは、プレートの上の空間の、ある1点だけだ。そしてその場所はコマにのせるおもりや磁石のプレートの微妙な傾きによってかなり違ってくる。そこを自分の勘と、何度も失敗した経験から探り当てていくのだ。プレートの傾きやコマの回し方など、すべてを同時に無駄なく調整していかなくてはならない。作業を部分に分けることができず、全体を一度に見渡して、何か最適なものに「落とし込んでいく」感じがある。経験を積んだ後にのみ見えてくるものが全体の最適状態で、これを捉えて成功に導く力こそが直観力なのだ。

このように全体を同時に考えるということは、論理の階段を理路整然と上っていくのとはまったく異なる。時には合理性と非合理性を同時に内包できる能力もなくてはならない。ここで、「組み合わせ」と「すり合わせ」という二つの言葉の対比を考えてみよう。藤本隆宏・東京大学教授による言葉だが、これまで考察してきた直観や創発と深く関係した興味深い用語である。

これはものづくりの二つの考え方を表していて、全体をモジュールに分けてその部分をプラモデルのように単純に組み合わせていくのか、あるいは部分間の相互作用を考慮して各要素をすり合わせていくのか、というものだ。例えば組み合わせ型はアメリカなどでのデスクトップ型コンピュータ産業が得意とする方法だが、すり合わせ型は日本のノートパソコンなどが得意とするもので、軽くて高機能、そして低消費電力などの矛盾する要素を小さな筐体《きょうたい》（箱型の容器）内ですり合わせていく。このすり合わせによるものづくりに必要なものは、職人の技と直観、そして阿吽の呼吸のチームワークといったものの統合的なバランスだ。それゆえにうまくいけば他に真似できない、個性的で高品質の製品の創発につながる可能性が高くなる。

夫婦が家庭を築いていくのも同じようなものだ。それは二人の単なる組み合わせではなく、お互いのすり合わせが大切だ。これがうまくできたときに1足す1は3以上になり、大きな幸福感やアウトプットが得られる。他にも同様な例として、組み合わせの西洋医学とすり合わせの東洋医学という対比もいえるだろう。

また、チームワークという意味では、オリンピックの日本チームの野球がいい教訓になる。プロ野球選手が出場し始めたシドニーオリンピック以来、アマチュアだけで戦っていた以前より成績は下がっているのだ。シドニーでは松坂大輔らが参加したが、ロサンゼルスオリンピック以来初めてメダルを逃してしまった。そして今年も星野仙一監督率いるオールジャパンは4位に終わった。スーパースター選手の単なる組み合わせでは集団競技は勝てないのだ。

関連する話題として、人工林と自然林の問題を考えよう。日本熊森協会の森山まり子会長によれば、ツキノワグマがいま絶滅寸前だそうだ。その理由は、戦後の拡大造林という国策で、山はスギとヒノキの人工林に変わり、そのためブナなどの広葉樹の生えた豊かな自然林が失われたためだ。自然林には様々な木々が実を蓄え、そして地面には下草があり、たくさんの虫もいる。熊などの様々な動物が植物と共生関係を保っているのだ。逆に人工林は、人間が定期的に除伐や間伐をするなどしてコストをかけ続けないと維持できない。しかも山の保水力が弱く、地面は草も生えず、虫も少なくなる。したがって人工林ばかりでは動物の餌もなくなり、熊も空腹に耐えかねて人里に出没するようになった。すると農作物が食べられるなどの被害が発生し、人々は銃などで熊の駆除を始めてしまった。これでは明らかに無駄が連鎖している残念な状況だ。

そして人工林はさらに台風時には山崩れを起こしやすいという欠点もある。もちろん人工林は林業には必要なものだが、それを山の3割以下に減らすべきというのが森山さんの主張だ。自然林はこれに対して、逆に保水力もあり、動植物の豊かな生態系が広がる。そして山崩れも起きにくい。重要なのは、人間はこの自然林を自分たちの手で作り出すことができない、ということだ。一度失われてしまったものは取り戻せない。自然界は長い時間かけて、無数の動植物がバランスする生態系を作り出す。無料で森づくりをしてくれる自然を尊重し、人間が手を入れるのは必要最小限にすべきなのだ。

財産を欲望で割る

それでは本書の締めくくりとして、すべての我々の行動や政策において、人の心を考えに入れることの大切さを述べたいと思う。

インドと中国に挟まれた国ブータンは、人口約65万人の小さな国で、その貧困率は30％を超えている。しかし、１９７６年に当時なんと21歳だったワンチュク前国王が、「国民総幸福度（ＧＮＨ：Gross National Happiness）」というものを唱えた。このＧＮＨこそ、ＧＮＰ（Gross National Product）という経済指標よりも大事だと述べたことで、その後世界の注目を浴びることとなった。

幸せはもちろん主観的なものなので、きちんと計ることが難しいが、この国では物質的豊かさ以外に、健康や教育そして周囲のコミュニティへの参加などもすべて考慮に入れて幸せを考えようとしている。そして世界がこのＧＮＨを指標として取り入れようとしているが、残念ながらその数値化はまだできていない。

イギリスの社会心理学者エードリアン・ホワイト教授は、２００６年にこのＧＮＨを参考にして、独自の計算式で国民の幸福度を順位付け、世界１７８カ国の順位を発表した。１位はデンマークで、ブータンは8位だったが、日本は残念ながら90位という低いランクだった。また、一般に人口の多い国は幸福度が低いという結果だった。これは限られた資源が偏在することによる格差が大きく影響していると考えられる。

仏教経済学の提唱者である故・井上信一は、幸せの計算式を単純に次のように定義している。

幸せ ＝ 財 ÷ 欲望

これは仏教的な考え方であり、人の持つ欲望が大きければそれだけ幸福度が減ることを意味している。これに関して、興味深いエピソードがある。ブータンの電気がなかったある村での話だが、人々は貧しいなりにもこれまで家族と楽しく暮らしていた。そこに援助によって電気が来るようになった。住民たちは夜の暗闇から解放され、便利になったように見えたが、彼らの反応は逆だった。電気が来ると、今度はテレビも冷蔵庫も欲しくなり、それを買うためのお金が欲しくなる。そして仕事をたくさんするようになり、家族の団らんの時間が減ったのだ。彼らの心は、これまでとは逆に現状に対する不満と将来への不安でいっぱいになってしまった。これでは電気を通したことが彼らの幸せにつながったとはいえないのではないか。

つまり、相手の状況を深く考慮せず、自分の価値観のみを押しつける政策はいけないのだ。そして優秀な人ほど人間を機械的に捉えようとする傾向がある。やはり人間の心を中心に据えなければどのような立派な政策や行動も絵に描いた餅にすぎない。

別の例を挙げよう。仮にいま皆さんはデパートの経営者で、閉店の時間になってもデパート内にいるお客さんに早く退出してもらいたいと思っている。この場合、どう行動すればよいのだろうか。館内放送で、「閉店の時間ですので退出お願いします」など直接指示するのは最悪の対応だ。出ていって欲しい、と言われて気分が良いはずがない。自分が言われて嫌なことを相手に言ってはいけないのだ。

ここで重要なのは、間接的な方法だ。例えば、「蛍の光」を放送する。これは小学校では下校時によくスピーカーから流れていたため、自然に帰る行動が誘発される。あるいは夫婦客に扮した店員が「そろそろ帰ろうよ」とお客さんに聞こえるように会話するのも効果的だ。とにかく直接的でなく、間接的に客に伝えることで本人に気づいてもらう。人間は命令されると不愉快な気持ちになることが多いが、自分で考えたことであれば自然に行動できる。間接的に伝え、本人に考えてもらうステップをひとつ挟み込むことでうまく人を動かすことができる。これは「蛍の光作戦」とでも呼べる簡単な方法で、いろいろな場面で応用が利く。似たような例で、トイレで「きれいに使ってくれてありがとう」という貼り紙をたまに見かける。これもきれいに使ってほしいことを間接的に伝えており、さらにきれいに使っていなくても褒められることで、自分の行為がはずかしくなり、次回の行動はちゃんと注意しよう、という気持ちが自発的に生まれてくる。

これからは、こうしたお互いの心に配慮できる時代へと向かうべきで、そのために科学、経済、政治、文学、宗教などの力がこうした社会づくりへと焦点を結ぶことを願っている。人はもちろん誰でも幸せになりたいと思っている。そして人によって様々な幸せの形があり、自分が幸せならば他人も幸せ、ということも一般に成り立たない。また、他人を幸せにしようと思って行動しても、心への配慮が欠けているとそれが様々な「むだ」や「無駄」を生んでしまうことがある。食料、医療、社会保障、格差、安全などの様々な問題は、こうした無駄と関係していることが多い。

道徳と無駄

欧米やイスラム諸国に比べると、日本は宗教がない国といわれる。もちろん仏教があるが、これを精神的な支えや道徳としている人は実際のところ少ないのではないだろうか。外国人と話していて、日本人の道徳教育はどうなっているのか、という質問を受けることがあるが、なかなかこれに対してうまく答えることができない。明治時代、新渡戸《にとべ》稲造も同じ質問をあるベルギー人から受けて困惑していた。その外国人は、日本の学校に宗教教育がないことを驚き、どうやって日本人は道徳を教えるのか、と詰め寄った。新渡戸はその質問の答えを考えているうちに、自らの人生を反省することで武士道というものの存在に気がついたのだ。江戸時代には確かに武士道が道徳体系を作っていた。そしてこれを諸外国に対して紹介し、日本の道徳基盤はここにあり、と示した彼の功績は大きい。しかしこれは封建制社会での道徳であり、現代では、そのままの適用は難しい。

これに関連して、現代ではモラルやマナーの欠如が社会の至る所で問題化している。レストランなどで騒いでいる子供を注意しない親、平気で道端にタバコを投げ捨てる人、電車で降りる人より先に乗り込もうとする人、など例を挙げだすときりがない。そしてこうした問題がまた、様々な無駄と関連しているのだ。ゴミが増える、資源を浪費する、などは、モラルやマナーの問題と関係していることだらけだ。

この対策として、まず子供の道徳教育こそ第一に優先すべきことだと私は考える。大人になる前の教育が人格形成上で最も重要で、昔は家庭や地域がその役割を担っていた。しかし現在、こうしたボトムアップ的な教育体制は崩壊しつつあるため、トップダウン型の補助政策も必要になってきた。2006年に安倍晋三内閣のもとで政府に教育再生会議を設け、社会総がかりで教育を再生しようと議論が始まった。その報告書では、道徳教育を充実させることが明記され、「徳育」の教科化が最重要課題の一つとして位置付けられた。

これは様々な価値観を排除して思想を統制するものだ、などという批判もあったが、最低限のルールと人に対する思いやりを教えないと社会が崩壊してしまう。人間は一人で生きているわけではなく、自分の欲望を最大化して利己的に生きていくことはできない。

家庭や地域の役割が期待できなくなっている今、これから15年程度時間をかけて学校で子供の徳育を充実させていく必要がある。またこれは大人にも効果的なのだ。子供から「お父さん、それはいけないことだよ」といわれると、自分の行為を改める大きなきっかけになる。つまり徳育政策によって、逆に子から親への教育も家庭で期待できるのだ。

そしてこの教育を受けて育った子供が大人になれば、いずれ家庭や地域が道徳教育の担い手として復活することが期待される。そのときにはトップダウンの徳育政策はもはや必要なくなることが望ましい。

利他行動

社会の中では、人はいろいろな他人とつながりを持って生きている。そして、誰かが困っているときに、他の誰かがうまく手を差し伸べることができれば、社会はもっと優しさに満ち溢れ、集団としてのメリットが増大していくだろう。

私がドイツに住んでいて驚いたのは、街でくしゃみをすると、知らない人が「ゲズントハイト！」と声をかけてくれることだ。これは、「お大事に！」という意味だが、このようなコミュニケーションの習慣があるだけで他人どうしでもお互いの距離がぐっと近くなる。エレベーターに乗る時でも、中にいる知らない相手に「ハロー」と声をかけるのはヨーロッパでは当たり前だ。これは、他人とはほとんど挨拶を交わさない日本とは大きな違いだ。

他人が助けてくれない場合は、自分の身は自分で守らなくてはならない。そのための防御策の一つが貯蓄だ。さらに資本主義社会は競争社会のため、自分の生存のために抜けがけをしてでも限られた資源を奪おうとする人もいる。しかし、それでは繁栄は長続きしない。20年間ずっと株式投資の現場にいる友人に聞いた話だが、長い間株で儲け続けている人は、決して一人で大勝ちしないそうだ。株価が上がってきて儲けが出そうになると、早めに売って自分は少しだけ儲け、一番おいしいところは他人に譲っている。長い目で見れば大きな損をせず、「結局は得だ」ということを知っているのだ。

江戸時代に心学を唱えた石田梅岩《ばいがん》は、「まことの商人は先も立ち、我も立つことを思ふなり」と述べた。これは、商売では自分だけでなく相手も儲かるようにすべし、という意味で、商業の倫理を唱えたものだ。情けは人のためならず、という言葉もあるとおり、他人への思いやりは、いつかは自分の益になる。京セラ名誉会長の稲盛和夫さんも、現在の日本企業の不祥事は、資本主義が進んで経営者が利己的になり、他人や社会を思いやる気持ちが失われているからだと述べている。

最近は利己主義の反対語として、「利他主義」という言葉が注目されるようになってきた。これは例えば、親の子供に対する自己犠牲的な愛情などを意味しているが、しかし親族でもない限り、この利他行動のスイッチはなかなか入らない。ふつうは他人よりまず自分の幸せを追求する。動物の世界では、実は弱肉強食ではなくお互いに助け合っていることが知られている。この方が長期的に見て種の存続が有利になるのだ。

西郷隆盛は、自分さえよければいいという自己愛や欲望を抑え、「無私」ということを若い時より貫き続けた。自分の持つ欲望をどのように抑えていたのかは分からないが、司馬遼太郎によれば、彼は既に10代のうちにこのような考えを持っていたそうだ。しかし人は皆このような聖人君子ばかりではない。

それでは、利他行動はどうやって生まれるのか。残念ながらそれはふつう生まれにくく、たとえ生まれても利己的な行動に容易に駆逐されてしまう。これは現在の社会学や経済学でも大きな問題で、最近は物理学者もネットワーク理論やゲーム理論を用いて研究をしている。そこで分かってきていることは、利他主義を必ず貫く人のコミュニティがあれば、それを核にして社会に利他主義が広がっていく、という可能性だ。しかしこれもまだ理想論にすぎない。

かわりばんこ社会の提案

一度自分が益を得たら、次の益は他人に譲ることで、結局長い目で見れば格差が減ることは明らかだ。しかし、得をし続けたいという人間の欲望を抑えつけるのは難しい。ただ、資源がなくなってきている状況では、その欲望を抑えなくてはならないことは本人も分かっている。

この場合、トップダウン思想の平等主義者は、資源を無理やり人数で割って、皆が公平になるように分配しようとする。しかし、これはいつでも正しいとは限らない。例えばたった一つしかケーキがない場合、それを100人で均等に分けてみよう。すると、一人当たりの分量はアリの餌ほどの量にしかならず、誰もが満足の得られない状況になる。つまり、資源をあまりにも細かく分け過ぎることは無駄なのだ。資源の価値を損なわない程度に分割すべき、という原則を忘れてはならない。皆に公平な配分というのは聞こえは良いが、それがまた大きな無駄を生むこともある。

さらに、少ない量でずっと我慢を強要するような社会は、これもまた人間らしく楽しく生きられるものではないだろう。物質的豊かさを知ってしまった我々の心と体は、江戸時代のような生活ではもはや満足できそうもない。

そこで別の案として、今回は誰か数人でそのケーキを楽しみ、次回に入手したときには別の数人が楽しむ、といった具合に、少ない資源を「かわりばんこ」に楽しむことが考えられる。その順番は、皆が同じ条件ならばじゃんけんで決めればよい。

これは意外に良い解決策であることが分かる。まず、人はこのようにたまに資源が入って来た方が、少ない量でも大きな満足感を得ることができる。私は小学校の頃、お寿司は年に数回しか食べられなかったので、マグロを1貫食べただけでも感動したものだ。しかし今は回転寿司でいつでも手軽に食べることができるため、もはやマグロ1貫では感動しなくなってしまった。

そして、「かわりばんこ」ならば、いつか資源は自分に回ってくる。したがって、資源が手に入らないときでも、自分の番が来るときの期待感によって幸せを感じることができる。これも、通信販売などで買う前にカタログを見ている時が一番楽しい、というのと同じ理屈だ。

人間は、変化と期待をうまく組み合わせれば、その心に大きな幸せを感じることができる。以上より、前に述べた振動型の経済変化とあわせて、「かわりばんこ社会」という考え方が未来の鍵を握っているように私には思える。一定の資源の中でもこうした動きを作り出すことで生命は生命らしく生きてゆける。停滞は死だが、動きは生だ。

日本には鎌倉時代に「頼母子講《たのもしこう》」（無尽講）という互助制度が登場した。これは、加入者からお金を集め、それを抽選などで皆にかわりばんこに給付していく共済だった。資源全般においてこのような制度の復活も今後あり得るのではないだろうか。

こうした議論を今後も重ね、無駄を排除して限られた資源の中で皆が幸せに生きることができる方策を真剣に追求していきたい。

あとがき

あとがきというものは、大体において筆者のいいわけが書いてある。肩の力が抜け、本音がそのまま出ていることがよくあり、興味深い。その例にもれず、私もここで少し本文に書けなかったことを以下に自由に書いてみたい。

2年前に『渋滞学』を書いたが、これが幸いにも多数の方に興味を持って読んでいただき、望外にも二つの賞までいただくことができた。これは私にとって大きな転機になり、おかげで活動の幅が一気に広がった。そしてこれまで様々な分野の人と渋滞談義をしてきたが、その中で私の心を一番強く捉えたのが在庫の渋滞の話だった。これは本書に詳しく書いたが、工場内の仕掛り品や物流における在庫をいかに減らすかという研究で、ものの流れの渋滞だ。あるとき実際に工場内を見て回り、仕掛り品がたまっていく様子が高速道路の合流部での渋滞そっくりに見えたことがある。そのとき、私の頭からつま先にかけて何か一瞬電流のようなものが流れた感じがした。

こういうものが本書で繰り返し述べた直観なのではないかと思うが、それから2年間、いろいろな渋滞研究を並行してやってきた中で、この在庫の研究に一番時間を割いて取り組んできた。もちろん以前から在庫渋滞の研究はしており、『渋滞学』にもそれは書いてあるが、たった2ページ弱の内容に過ぎなかった。その部分が今回、2年間かけて「無駄学」として大きく1冊の内容に育ったのだ。

偶然とは恐ろしいもので、『渋滞学』で在庫の渋滞を書いた時に参考にしたものが、実は本書で繰り返し登場した山田日登志さんの本だった。まさかその時は、山田さんと一緒に在庫を減らす研究をするなどとは夢にも思わなかったが、縁あってここ約1年半の間、時間の許す限り行動を共にさせていただいた。

そしてこの研究のキーワードが「無駄」だった。無駄とは何か、を明らかにしないと、無駄を取り除くことができない。無駄を曖昧に考えていると、どれが必要で、どれが不必要なものかが分からなくなるのだ。

そこで、私は科学者として、言葉をきちんと定義したくなってきたのだ。数学の研究では、まず言葉の定義をはっきり定めることから始まる。出発点が曖昧なまま考察を進めてしまうと、どこかで論理が破綻してしまうからだ。そこで、まずは「無駄ノート」なるものを作って、日常生活で無駄という言葉を使ったり聞いたりするたびにそこに書き込んでいった。その他にも、様々な本や雑誌、新聞なども調べ、どういう状況で無駄という言葉が使われているか徹底的に調べてみた。これを1年間続け、無駄の例文が膨大に集まったところで、無駄をいろいろな角度から分類しようと試みた。

しかしこの作業は大変に難しいものだった。あるときに全体を数種類の無駄にうまく分類できて、これで完璧、と思った翌日にはその例外が見つかるなど、無駄の奥深さをイヤというほど味わった。途中で何度も単純な分類をあきらめかけたが、どうしてもやり遂げたいと思い、やっと現時点で本書に著した通り三つに分類することができた。しかし私はこれで満足しているわけではない。別の角度から注目すると、これ以外の分類方法も考えられるため、現在もまだ研究は継続中だ。

さらにもう一つ考えたかったことがある。それは、どれぐらい無駄なのか、という「無駄度」の評価だ。無駄の大小は大雑把に比較できるが、それはとても主観的なものだ。そこで、ある程度普遍的な無駄のものさしが作れないだろうかと考えて生まれたのが、本書の「投入効果図」だった。これは自分としては現時点では満足のいくものであり、いろいろな無駄をこの図で分析することで、無駄の度合や、その時間変化が大まかに見てわかるようになった。さらに発生原因や解消策まで考えるヒントになり、またこのように図式化することで、無駄の認識をある程度皆で共有することができると期待している。

次に私の興味が向かった先は、なぜ無駄は発生するのか、という根本的な問題だった。無駄の膨大な事例を見ていくうちに、その発生原因のかなりの部分が、ある一つの言葉と関係していることが分かってきた。それが、資本主義経済なのだ。これが本書で最も問題提起したかったことで、今の資本主義社会はこれからどこに向かうべきなのかについて、今すぐ文系理系問わず真剣な議論をしていかなくてはならない。我々に残されている時間は、10年からせいぜい20年だと私は思っている。私は、10年後も今まで通りの生活が保障されるとは考えていない。社会保障は破綻しかけているし、多数の人が生活苦などで追い詰められることで、凶悪犯罪もますます増えるだろう。

このような時代に、皆が自分の城だけを守ろうとして、社会全体のことを考えなければ、その城は砂上の楼閣にすぎない。いま重要なのは、社会の一部を切り出して短期的視野で論じることではなく、その全体を見渡して根本的な解決を提示することだ。そしてこの鍵を握るのが、資本主義という暴走システムへの反省なのだ。

テレビをつけると、ニュース番組では様々な社会問題を報じている。例えば現在話題になっているのが、汚染米の問題だ。農薬などに汚染され、食用にならないコメを安く食用として転売し、儲けようとした会社が摘発された。その会社も儲けを出さなくてはならず、経営に困ってこのような非人道的行為をしたのだ。窮鼠猫を噛む、ではないが、追い詰めた真犯人は、実は資本主義経済だと私は思う。そうなると、我々の食の安全が資本主義の犠牲になっている、とも見ることができる。

また、最近はタクシーの運転手が客から暴力を受ける車内被害が増加しているそうだ。しかし運転手はなかなか警察に被害を届けない。その理由は、警察に事情聴取される時間がもったいない、というものだ。この時間を働いたほうがお金になるからで、これも稼ぎや儲け優先のため、身の安全が犠牲になっている例だ。

さらに、アメリカ大手証券会社のリーマン・ブラザーズが9月に経営破綻した。その負債総額は64兆円で、アメリカ史上最大の倒産だった。これもサブプライムローンの損失が原因だが、これはもはや儲けを出す金融システム自体の破綻と考えた方が良いのではないだろうか。そして、世間の反応は冷たく、お金を荒稼ぎした罰だ、ということで全く同情はない。これが個人だとすれば、このような死に方はとても恥ずかしく、そして寂しいものだろう。なぜこのような社会になってしまったのか。

このことを皆で一緒に考えたいという強い思いが、私に本書を書かせた原動力だ。無駄という身近な概念をきっかけにして社会を見なおしていくことで、人類にとってこれからの幸福な社会とは何か、という議論が高まっていけば、これほど嬉しいことはない。

この本では、私の専門分野のサイエンスの話題から離れて、経営、経済、心理などの話題を論じた。科学者が科学以外のこと、特に社会思想を語る、というのは、残念ながらこれまでそれほど多くの例がない。科学的真実を語るのが科学者の役割だと一般には考えられているが、私はこれからは科学者も社会参加し、一緒に政治経済などの議論をしていくことが重要だと考えている。

もちろん専門分野の研究を続けることも重要だが、これからの時代は全体を論じていくことの方がもっと重要だと私は考えている。全体が安定していないシステムで細部を論じていても、それはあまり意味がない。そして細部の議論は多くの人ができるが、全体を見渡した議論は、誰もができるわけではない。したがってそれに適した人こそ、細部でなく全体的なところに関心を向けてほしいと願っている。

科学者は、論理的思考を極限まで訓練しているため、他分野の少しの知識と、そこに思考を踏み出す勇気があれば、どの分野のことも論じていける。そして、これにプラスして経験が必要なのだ。外に踏み出す経験をしていかないと、直観が磨かれず、総合的な視野がなかなか身に付かない。完璧な人間などどこにもいない。皆、試行錯誤をしながら経験を積み、知恵をつけて前進していくのだ。失敗と批判を恐れて外に出ず、細分化された殻の中で安住しているだけでは、大変にもったいない。今はすべての人の知恵を結集して将来の危機に備えるべき時なのだ。そしてこれからはこうした縦横無尽に議論できる新しいタイプの科学者の輩出こそが、その国の力を決めるとさえ私は思っている。

私も、社会の広範囲にわたる問題をすべて把握できているわけではない。知識不足、経験不足を痛切に感じているが、それでも失敗を繰り返しながら確実に前に進んでいる。そして私なりの知恵がまた蓄積してきたときに、それを本に著し、世に問い続けていきたいと思う。

以上、本書は難産の末に生まれたものだが、すべてを書き終えた今、何ともいえない爽快感がこみ上げている。途中で何度も挫折しそうになったが、あきらめずに書き終えることができてとても嬉しい。これも、私をいろいろな形で支えてくれた多数の人のお陰であり、以下にその方々への謝辞を述べたい。

まず、ＰＥＣ産業教育センターの山田日登志所長、そして副所長の山崎昌彦さんには、無駄について本当にいろいろなことを教えていただいた。二人と出会わなければ、この本は生まれなかったろう。山田さんから、この本のタイトルは「ムダとり学」ではどうか、と聞かれたが、私は無駄とは何かすらまだ自分できちんと分かっていないため、恐れ多くて山田さんのように「とる」という言葉を使うことはできなかった。山崎さんとは、無駄について時間を忘れて語り合い、様々な事例について一緒に考え抜いた。そしで大学の中にいてはは絶対に経験できないイベントにいくつも参加させていただいたのもPECの皆さんのおかげだ。実際の工場改善現場でも、様々な企業の方にムダとりについて教えていただいた。紙面の都合上すべての人をここに書くわけにはいかないが、㈱山本製作所の山本丈実社長、キヤノン㈱生産調査部の加藤平吉さん、宇部興産㈱の宮本守部長、日経ものづくりの池松由香さんには特に感謝したい。

そして、山田さんのご尽力により、この本ができる頃になんと小椋佳さんの作詞作曲による「ムダとりの歌」が発売されることになった。これはトヨタ生産方式のポイントが詰まった内容の歌詞で、製造業に携わる人への応援歌だ。大変光栄なことに、この歌を私が歌うことになり、先日、生まれて初めてレコーディングをしてきた。とても元気の出る歌なので、ぜひとも皆さんに聴いていただきたいと思う。そして私の歌の指導は、二期会のメゾソプラノ歌手である新宮由理さんにお願いした。私はこれまで1年以上の間、新宮さんの歌のレッスンに通い続けていて、自分の声の渋滞をいつも解消してもらっている。

無駄について一緒に議論した仲間は他にもたくさんいる。中でも、㈱電通の相内《あいうち》正治さんは、私の大学の同級生で、お互いに尊敬し合える親友だ。彼は批判的な意見も建設的な形で述べてくれるため、議論が発展してとても楽しい。また、デュポン㈱の菊池博之さんは、新しい角度から目を見開かせてくれる人で、これまで10年以上にわたって様々なテーマで議論をしてきた。宗教と心の問題は、浄土真宗證願寺《しょうがんじ》の住職である、春日了《りょう》さんから教わったことも多い。春日さんは、マルチな才能がある人で、プロのオペラ歌手でもあるため、歌も教えてもらっている。資本主義の問題に関しては、著述家の長沼伸一郎さんとの議論が大いに参考になっている。長沼さんとも20年近くのつきあいになるが、彼の桁外れな直観力にはいつも脱帽する。また会計の知識に関しては、公認会計士の鹿島修珠《なおみ》さんにお世話になった。そして創発に関する研究では、大日本印刷㈱の石亀尚郎さんと浅井照雄さんに大変お世話になっている。特に社内の創発プロジェクトに参加させていただき、これまで様々な創発実験をともに行ってきた。その他にも、私の研究室の優秀な学生達や、メディア関係者などから貴重な意見を聞くことができ、それらはすべてこの本の執筆に生かされている。

新潮社の今泉正俊さんには、『渋滞学』から引き続いてお世話になり、本書の構成や内容の詳細まで沢山のアドバイスをいただいた。また途中で何度も執筆を断念しかけたが、その時の今泉さんの温かい励ましがなければこの本は完成しなかっただろう。

最後になるが、私を支えてくれた妻と、そして両親に本書を捧げたい。

２００８年９月　都内の自宅にて　西成活裕

参考文献

『渋滞学』　西成活裕著　新潮選書
『クルマの渋滞アリの行列』　西成活裕著　技術評論社
『英語で kaizen! トヨタ生産方式』　成沢俊子著　John Shook 協力　日刊工業新聞社
『現場の変革、最強の経営　ムダとり』　山田日登志著　幻冬舎
『トヨタ生産方式をトコトン理解する事典』　山田日登志著　日刊工業新聞社
『常識破りのものづくり』　山田日登志、片岡利文著　ＮＨＫ出版
『世界鉱物資源データブック』　資源・素材学会資源経済部門委員会編　オーム社
『大江戸リサイクル事情』　石川英輔著　講談社文庫
『地球最後のオイルショック』　デイヴィッド・ストローン著　高遠裕子訳　新潮選書
『モモ』　ミヒャエル・エンデ著　大島かおり訳　岩波少年文庫
『ゼロ成長の社会』　Ｋ・Ｅ・ボールディング、Ｅ・Ｊ・ミシャン他著　荻原秀政他訳　日本生産性本部
『持続可能な発展の経済学』　Ｈ・Ｅ・デイリー著　新田功、大森正之、藏本忍訳　みすず書房
『定常型社会』　広井良典著　岩波新書
『日本のもの造り哲学』　藤本隆宏著　日本経済新聞社

『地球を救う経済学─仏教からの提言』　井上信一著　鈴木出版
『武士道』　新渡戸稲造著　矢内原忠雄訳　岩波文庫
『クマともりとひと』　森山まり子著　日本熊森協会
『「里」という思想』　内山節著　新潮選書
『現代ブータンを知るための60章』　平山修一著　明石書店
『「負けるが勝ち」の生き残り戦略』　泰中啓一著　ベスト新書
『ものづくり経営学』　藤本隆宏著　光文社新書
『迷惑メールは誰が出す?』　岡嶋裕史著　新潮新書
『行動経済学』　友野典男著　光文社新書
『サステナ第8号』　サステイナビリティ学連携研究機構　2008年
『WEDGE』　株式会社ウェッジ　2008年3月号
『文藝春秋』　2008年5月号
『日経ものづくり』　日経BP社　2008年6─9月号
『日経ベンチャー』　日経BP社　2008年8─9月号
『VOICE』　PHP研究所　2007年8月号

新潮選書

無《む》駄《だ》学《がく》

著　者………………西《にし》成《なり》活《かつ》裕《ひろ》

発　行………………2008年11月20日
5　刷………………2015年12月10日

発行者………………佐藤隆信
発行所………………株式会社新潮社
〒162-8711 東京都新宿区矢来町71
電話　編集部 03-3266-5411
　　　読者係 03-3266-5111
http://www.shinchosha.co.jp
印刷所………………錦明印刷株式会社
製本所………………株式会社大進堂

乱丁・落丁本は、ご面倒ですが小社読者係宛お送り下さい。送料小社負担にてお取替えいたします。
価格はカバーに表示してあります。

©Katsuhiro Nishinari 2008, Printed in Japan

ISBN978-4-10-603623-1 C0334